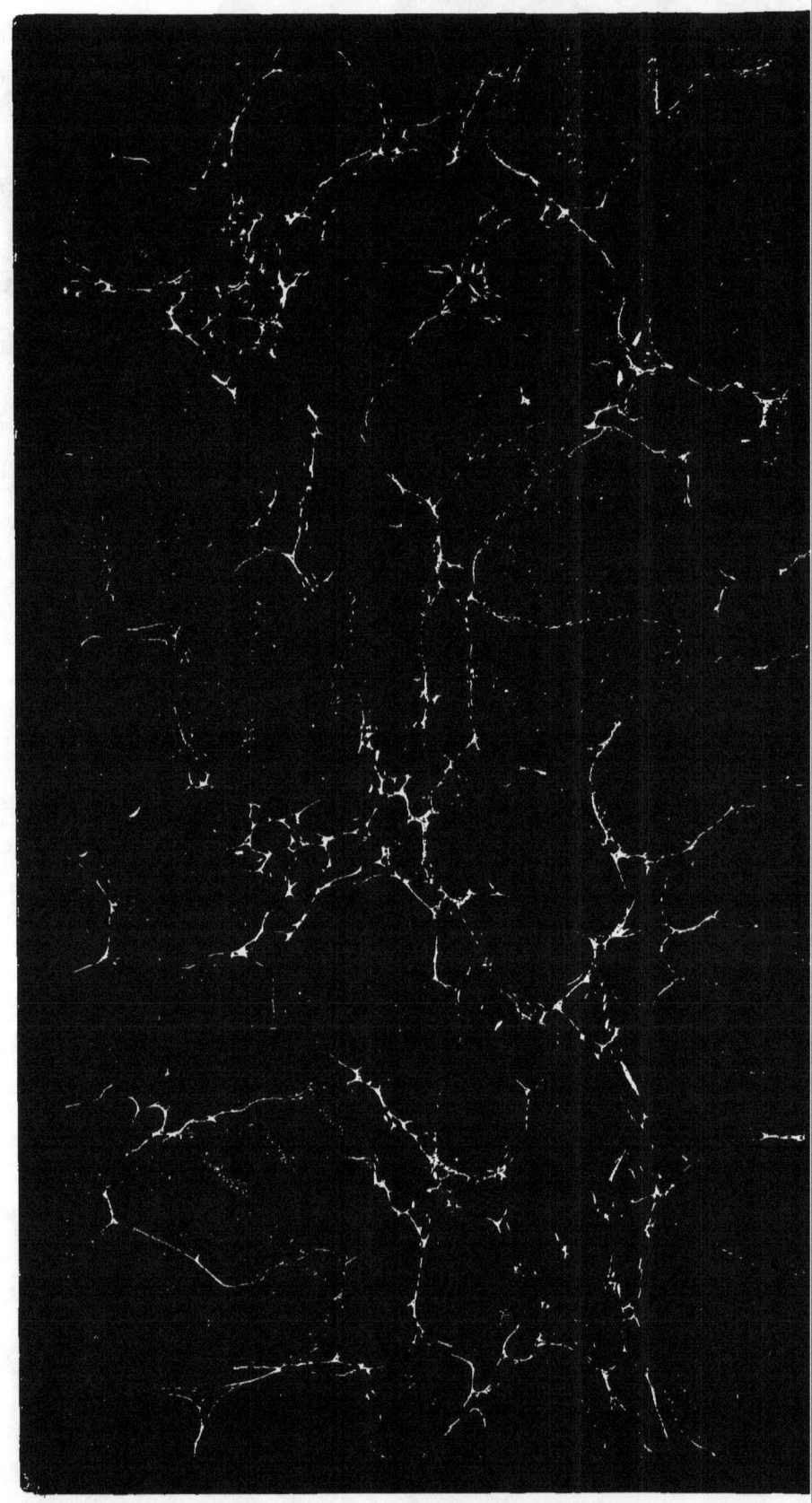

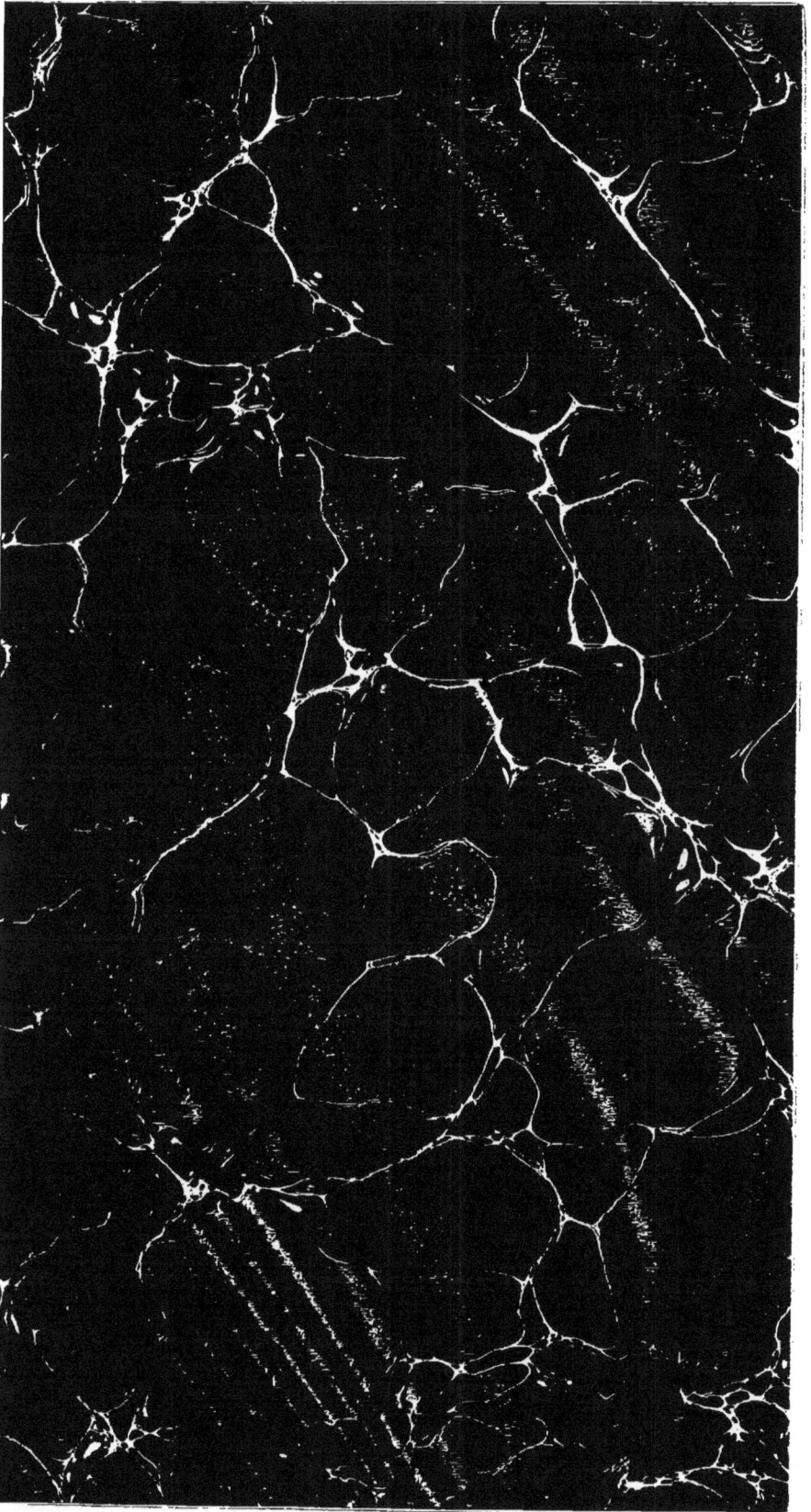

Lib 560

HISTOIRE
DU SIÈGE DE TOULON

PAR LE DUC DE SAVOIE.

SE TROUVE:

A Paris, chez Just. TESSIER, libraire, quai des Augustins, n° 37;

A Marseille, chez CAMOIN, libraire, place Royale, n° 3,

Et, à Toulon, chez Canquoin, éditeur, et chez tous les libraires.

IMP. ET LITHOGRAPHIE DE CANQUOIN
RUE NEUVE, NUMÉRO 1.

Fort St. Louis.

HISTOIRE
DU SIÈGE DE TOULON

PAR

LE DUC DE SAVOIE,

ÉCRITE

SUR NOTES, PIÈCES ET DOCUMENS DE 1707;

PAR

Charles LANDET DE LA LONDE,

MEMBRE DE LA SOCIÉTÉ DES SCIENCES, ARTS ET BELLES-LETTRES
DU DÉPARTEMENT DU VAR.

TOULON,

IMPR. ET LITHOGRAPHIE DE CANQUOIN,
RUE NEUVE, NUMÉRO 1.

1834.

HISTOIRE

DU

SIÈGE DE TOULON

PAR LE DUC DE SAVOIE.

I.

Guerre de la succession. — Défection du duc de Savoie. — État du Piémont en 1706. — Bataille de Turin. — Mort du maréchal Marchin. — Retraite de l'armée française. — Le duc de Savoie forme le projet d'envahir la Provence et de s'emparer de Toulon. — Le comte de Grignan et la cour. Préparatifs de défense. — Conduite des habitans de Toulon. — Arrivée du marquis de Saint-Paters.

La ligue des puissances soulevées contre la France, ruinée, rompue, brisée par l'épée de Louis XIV, avait croulé de toutes parts, et une paix presque générale s'en était suivie, lorsqu'arriva la mort de Charles II.

Cet événement qui mettait la couronne d'Espagne au front du duc d'Anjou, petit-fils du roi, blessait trop d'ambitions souveraines pour ne pas ébranler l'Europe entière. On pensa que les deux royaumes pouvaient un jour passer sous un même sceptre, et l'Italie s'effraya, les cercles d'Allemagne s'alarmèrent, l'Empire, l'Angleterre, la Hollande, toutes les puissances s'émurent à l'idée de cette réunion.

On n'en était encore qu'au lendemain d'une guerre qui avait été désastreuse à une foule de pays. Il suffisait, pour la rallumer, de remuer la masse des intérêts généraux ou privés que les armes victorieuses de la France avaient froissés. L'empereur et Guillaume s'en chargèrent : le premier, ayant hâte de remettre en mouvement les ressorts de sa politique ombrageuse, arrêtés depuis la paix; le second, jaloux de jeter enfin quelqu'éclat sur cette couronne d'Angleterre tombée sur sa tête un jour de révolution.

Animés des mêmes sentimens d'aversion, du même esprit de vengeance contre le gouvernement français, les deux monarques signèrent une nouvelle alliance dans le but d'empêcher l'union des deux royaumes de France et d'Espagne, alliance qui se fortifia bientôt de tous les souverains des autres puissances, à l'exception du roi de Portugal, de l'électeur de Bavière et du duc de Savoie.

Ce dernier, qui venait de resserrer les liens qui déjà l'unissaient à Louis xiv par le mariage de sa fille cadette avec le jeune roi d'Espagne, portait le titre de généralissime des armées françaises. Il alla, en cette qualité, prendre le commandement de l'armée d'Italie, ayant avec lui Catinat, le brave maréchal Catinat, qui l'avait si complétement battu, à Staffarda en 1690 et dans les plaines de la Marsaille en 1695. Il eut été impossible d'adresser à M. le duc de Savoie le reproche de ne pas bien choisir ses premiers lieutenans. Catinat n'était pas seulement un grand général, c'était un homme habile, difficile à tromper; et il le prouva bien à M. de Savoie.

Le généralissime français commença la guerre et se trouva précisément opposé à un prince de sa maison, Eugène, qui ouvrit la campagne en entrant sur le territoire neutre de Venise par les gorges du Trentin. On conçoit que ces deux généraux, placés ainsi vis-à-vis l'un de l'autre, se devaient de mutuelles déférences; mais ces déférences allaient si loin de la part du duc de Savoie, que Catinat en écrivit à la cour et l'accusa de faire connaître aux ennemis les mouvemens et les résolutions de l'armée. De quoi se mêlait donc le maréchal? La réponse à sa lettre ne se fit pas attendre; elle portait son rappel et son remplacement par le maréchal de Villeroy.

Celui-ci, dès son arrivée, et sur l'ordre de M. de Savoie, attaqua Eugène à Chiari dans le Bressan, fut repoussé dans cette téméraire entreprise, et se trouva trop heureux d'avoir encore à l'armée Catinat pour diriger sa retraite de l'autre côté de l'Adda.

L'année suivante, Philippe v et le duc de Vendôme arrivèrent en Italie, et tout changea de face. Le duc de Savoie ne pouvant continuer le rôle qu'il jouait depuis le commencement de la guerre, laissa percer sa défection, dans l'espoir que pour le conserver on lui céderait le duché de Milan; mais sa conduite parut si infâme aux yeux de Louis xiv, qu'il ordonna l'envahissement de la Savoie et l'arrestation de tous les Piémontais qui servaient dans les rangs de l'armée française.

Ainsi, tout d'un coup, au milieu des circonstances difficiles où elle était placée, la France eut un allié de moins et un ennemi de plus, ennemi d'autant plus redoutable qu'il avait en son pouvoir toutes les places fortes du Piémont.

Cet incident forma une diversion suffisante pour suspendre les opérations de Vendôme. Il abandonna ses vues sur le Tyrol et ne songea plus qu'à s'établir dans le Piémont.

Les premiers effets de la défection du duc de Savoie ne furent funestes qu'à lui-même. Vendôme et Lafeuillade le contraignirent à défendre ses états pied à pied, chaque jour le traquant devant eux comme une bête fauve, chaque jour lui enlevant une place forte. Après s'être emparés, l'un du duché de Modène, de Verceil, d'Ivrée et de Verne; l'autre du comté de Nice, de Villefranche et de Chivas, ils réunirent toutes leurs forces et l'acculèrent sur Turin, où il s'enferma. C'était sa dernière place, le seul et unique refuge qui lui restât.

Les deux généraux en avaient ordonné le siège et le poussaient avec une incroyable célérité, lorsque le prince Eugène marcha au secours de son nouvel allié. Il était à peine arrivé sur la rive gauche de l'Adda, que déjà Vendôme accourait sur la rive droite. Les Allemands tentèrent le passage sur un seul point; mais les Français y parurent aussitôt, les culbutèrent dans le fleuve, en firent un affreux carnage et leur ôtèrent pour long-temps l'envie de s'approcher de Turin.

Vendôme, général, jeune, actif, infatigable, doué de cet esprit audacieux qui appartient à la nation française, balayait toutes les avenues de la place assiégée avec une promptitude sans égale. Partout où les Impériaux se montraient, on était certain de le voir arriver. Ayant appris que Rowentlau, successeur du prince Eugène, blessé à l'affaire de l'Adda, était dans le Bressan, il y courut, le rencontra à Calcinado, le battit et le rejeta de l'autre côté de l'Adige, à Roveredo, dans le Trentin. Ainsi Vendôme avait entièrement maîtrisé le Piémont ; Lafeuillade continuait à tenir le duc de Savoie étroitement enfermé dans Turin, et ce dernier, qui n'avait plus que peu de jours à se défendre, voyait arriver le moment où, dépouillé de ses états, de toutes ses possessions, il faudrait se rendre honteusement à l'ancien allié qu'il avait abandonné, trahi, quand une lueur d'espoir, bien faible pourtant, ranima son courage abattu. L'avis lui était parvenu qu'Eugène s'acheminait vers Roveredo avec de nouvelles troupes.

En effet, le prince parut bientôt dans le Trentin à la tête de nombreux contingens d'Allemagne. Il s'avança sans perdre de temps à la Polosine de Rovigo, traversa l'Adige et le Pô, et campa sur les bords du dernier de ces deux fleuves. Vendôme se disposait à aller lui disputer les passages de plusieurs autres rivières qu'il avait à traverser avant de présenter ses troupes devant Turin. Ce projet ne se réalisa point. Au moment de partir, il reçut l'ordre de se rendre en Flandres et de remettre le commandement de son armée au jeune duc d'Orléans dont le maréchal Marchin était chargé de diriger les opérations.

Ce changement subit, dans un moment décisif, lorsqu'il fallait aller droit aux ennemis avec cette vivacité, cette audace, cette vigueur qui distinguaient le vainqueur de Galcinado, sauva le Piémont.

En succédant à Vendôme, Marchin fit précisément le contraire de ce qu'aurait fait son habile prédécesseur. Au lieu de marcher en toute hâte au devant du prince Eugène, il demeura enfermé dans ses lignes; envain le duc d'Orléans, impatient de déployer sa brillante valeur, voulait abandonner le siège pendant quelques jours et courir à la rencontre de l'ennemi; envain tous les généraux appuyaient cet avis, le maréchal tint ferme, et force fut de céder.

Ce n'est pas que, dans le fond, Marchin ne partageât peut-être l'opinion des officiers de son armée; cette opinion, a-t-on assuré, il l'avait manifestée hautement en présence de Louis XIV au moment de quitter Paris. On a ajouté, il est vrai, qu'elle n'avait pas obtenu l'assentiment de M. de Chamillart, contrôleur-général des finances qui avait en même temps le portefeuille de la guerre; et que le roi, courbé sous l'influence de ce ministre protégé de Madame de Maintenon, avait décidé dans son cabinet qu'au cas où le maréchal serait attaqué avant la reddition de Turin, il eût à rester dans ses retranchemens.

Si le fait est exact, si on n'a pas craint de peser dans la même balance le destin d'une armée et le caprice ou l'impéritie d'un ministre; si, par suite, une volonté royale est intervenue, on doit moins s'étonner de l'entêtement du maréchal Marchin à demeurer dans une position que n'était pas tenable. Quoiqu'il en soit, Eugène ne laissa point échapper l'occasion favorable; il comprit tout de suite les immenses avantages qu'il pouvait tirer de l'inaction de l'armée française et il précipita sa marche sur Turin.

Ici apparaît dans les fastes de l'histoire, une journée de triomphe et de gloire pour le Piémont, de tristesse et de deuil pour la nation française; la journée du 7 septembre 1706. Dès le matin, le prince Eugène était arrivé devant les lignes de circonvallation et avait aussitôt donné le signal de l'attaque : ces lignes, d'une grande étendue, ne pouvaient par cela même, être défendues partout : les forcer sur quelques points n'était pas chose bien difficile ; on les força, et on fit un massacre épouvantable des soldats qui les défendaient. Le maréchal ne tarda pas à sentir toute l'horreur de sa position ; mais il était trop tard, les troupes emprisonnées dans leurs quartiers , écrasées par une grosse armée, foudroyées par le canon de la place, ne se trouvaient pas même en état d'opposer une sérieuse résistance; il fallait de nécessité absolue, aviser à un moyen de retraite. A cette idée, affreuse au cœur d'un maréchal de France qui voit finir la gloire de sa vie entière dans un jour de désastre, le désespoir s'empare de lui, il demande la mort, il la veut, il la désire ; mais la mort noble et belle, la mort qui efface une faute, la mort du soldat sur le champ-de-bataille. Au même instant, il s'élance au plus fort du danger et tombe frappé d'un coup mortel, abandonnant au duc d'Orléans le soin de sauver les débris de l'armée.... Le jeune prince ne chercha pas à tenir plus long-temps; il pensa que si la victoire était aux Impériaux, il y avait encore quelque gloire à sortir du danger l'épée à la main; il se mit à la tête des troupes, s'ouvrit un passage à travers les rangs de l'ennemi et effectua sa retraite.

L'armée française, dans ce moment critique, pouvait encore se replier sur Chivas et couvrir le Milanais; malheureusement elle se porta sur Pignerol, et tous les avantages d'une campagne, si heuseusement commencée, furent perdus. Avant la fin de 1706, les places fortes isolées que les Français conservaient encore en Italie capitulèrent, le Piémont fut entièrement évacué et le duc de Savoie se trouva à la tête d'une armée nombreuse à qui le succès avait rendu la confiance.

Les circonstances ne pouvaient être plus favorables à ce prince. En ce moment même, la reine Anne, succédait à Guillaume, et prenait une part plus active encore dans la ligue; la France essuyait partout des revers: dans le Nord, où les soldats démoralisés appelaient à grands cris la présence de Vendôme; en Espagne, où le maréchal de Tessé levait le siège de Barcelonne. Cette situation de l'Europe, le désir d'effacer par une vengeance éclatante et le stigmate dont on l'avait flétri après sa défection, et la honte des défaites successives qui avaient réduit ses états à une seule place, peut-être aussi l'appât des représailles, inspirèrent au transfuge de l'armée française la pensée d'envahir la Provence. Ce qu'il y a de certain, c'est qu'au mois de décembre l'invasion fut proposée et résolue à Londres, puis définitivement arrêtée le 15 janvier 1707, au conseil de Valence, à la condition expresse que l'Angleterre fournirait des subsides.

Pénétrer au cœur de la Provence était chose facile, nul obstacle ne s'y opposait, nulle place forte n'arrêtait la marche des troupes; mais c'est précisément à une place forte qu'en voulaient et le duc de Savoie et la reine d'Angleterre, et certes celle de Toulon valait bien la peine qu'on jetât les yeux sur elle.

Dès le mois d'avril, les flottes anglaise et hollandaise réunies, vinrent croiser sur les côtes de la Méditerranée, avec le dessein apparent de se ravitailler dans les ports d'Italie. Elles avaient à bord toute sorte de munitions, de la grosse artillerie, des pièces de campagne, des équipages de siège, tous objets de guerre dont il eut été impossible d'opérer le transport par la voie des montagnes. Elles étaient suivies, d'ailleurs, par des galiotes-bombes, qui ne laissaient aucun doute sur leurs projets.

Dans le même temps, le duc de Savoie portait l'effectif de son armée à plus de quarante mille hommes. Il s'attachait Eugène, à qui l'empereur voulait confier la conquête de Naples, les princes de Würtemberg, de Darmstadt, de Saxe-Gotha, de Hesse-Cassel et une foule d'autres qui commandaient sous ses ordres. Il était donc évident que l'ancien généralissime français, devenu généralissime des armées alliées, projetait quelque grande entreprise; cependant rien encore ne fesait affirmer qu'il eût l'intention de se porter en Provence. Ses troupes, divisées en trois corps, l'un aux environs de Pignerol, l'autre près d'Ivrée, et le troisième sous Cony, menaçaient également la Savoie, Suze, Fénestrelles et le Dauphiné; de sorte qu'on ne pouvait guère assurer quel était le point qu'il importait le plus de défendre. Tantôt le bruit courait qu'elles allaient forcer le pas de Suze, entrer par là dans le Dauphiné et tâcher de pénétrer dans le Languedoc pour faire soulever les huguenots; tantôt on disait que leur dessein était d'envahir la Franche-Comté par le val d'Aoste et la Savoie : une autre fois c'était encore Suze, ou bien le Dauphiné, ou bien la Bresse, à qui on fesait courir des dangers. Au milieu de ces rapports contradictoires, dans lesquels la Provence n'était que rarement nommée, la cour croyant ne rien avoir à craindre pour cette contrée, ne songea même pas à la défendre.

Mais il y avait alors en Provence un homme qui n'était pas dupe de toutes ces menées, de tous ces bruits répandus à dessein par le duc de Savoie lui-même. Dès le commencement de l'année, il avait tout pressenti, et il veillait sur la Provence avec la plus vive sollicitude. Cet homme, c'était Adhémar de Monteil, comte de Grignan, lieutenant-général et gouverneur en Provence pendant l'absence du duc de Vendôme. Militaire peu renommé, mais administrateur d'une rare habileté, il poussait la prévoyance au delà de tout ce qu'on peut imaginer. Le bien et la conservation du pays confié aux soins de son administration, était la pensée de tous ses jours, l'occupation de tous ses instans. Dans son admirable vigilance, il avait établi un service de correspondance secret avec la Lombardie et lieux voisins, de manière à savoir journellement ce qui se passait au quartier-général des alliés. Les renseignemens qui lui parvenaient par ce moyen, le confirmaient de plus en plus dans l'opinion qu'il avait conçue du projet des ennemis : aussi envoyait-il au ministère courrier sur courrier pour qu'il ne se laissât pas abuser par quelques mouvemens de troupes, mais vainement : ministres et seigneurs de cour croyaient être bien instruits et riaient de ce *bon vieux Grignan* et de ses terreurs paniques.

Incapable de se rebuter et toujours confiant

dans l'espoir de tirer enfin la cour de son aveuglement, le *bon vieux Grignan* n'en continuait pas moins de faire parvenir à Paris toutes les informations que lui donnait sa correspondance. Les courriers se succédaient, et c'était sans cesse même répétition : *La Provence et la ville de Toulon sont menacées.* Tant d'insistance finit pourtant par donner l'éveil; on écouta Adhémar; et on allait prendre des mesures efficaces pour protéger le pays, lorsque de fausses dépêches venues de la Savoie remirent tout en suspens. Ces dépêches apprenaient à la cour qu'une tête de colonne de l'armée des alliés s'était présentée au val d'Aoste et que des forces considérables se portaient sur le même point. Dès ce moment on ne songea plus aux secours sollicités par le gouverneur de la Provence : bien plus, ordre exprès fut envoyé aux troupes françaises du haut Dauphiné de ne point s'ébranler et de rester au contraire dans leurs positions, afin de défendre la Franche-Comté.

Le comte de Grignan avait la conviction intime de l'état véritable des choses. Les nouveaux refus de la cour ne l'ébranlèrent point; il demanda plus vivement que jamais que les troupes du roi vinssent secourir la Provence. Il en écrivit au maréchal de Tessé qui, à son retour d'Espagne, avait été appelé au commandement de l'armée du Dauphiné, le suppliant de se joindre à lui pour dessiller les yeux du gouvernement : tous deux échouèrent. Ce ne fut qu'au moment où les projets du duc de Savoie éclatèrent au grand jour, que la cour et le ministère reconnurent la justesse des appréciations d'un vieux général de 75 ans, à qui l'âge n'avait ôté ni l'activité, ni le coup d'œil d'un jeune homme ; mais il n'était plus temps, l'ennemi s'était porté sur le Var par le comté de Nice, sans s'arrêter ni à Monaco, ni à Villefranche, ni à Montalban ; la flotte combinée avait paru au cap St-Tropez ; il n'y avait plus lieu de douter, et la Provence ne pouvant être secourue fut destinée à subir l'invasion étrangère.

Restait Toulon à garantir, Toulon, objet principal de la convoitise et du duc de Savoie qui comptait en faire le premier port de ses états, et de la reine Anne qui, en s'y établissant, espérait anéantir le commerce de la France, dans la Méditerranée. A cette époque, quand tout manquait, soldats, vivres et munitions, quand les fortifications négligées tombaient en ruines, quand l'armée du maréchal de Tessé était encore campée dans le haut Dauphiné, était-il probable, que la place pût être mise en état de défense ? Non, sans doute. Aussi la cour en désespera tout à fait. Après avoir reconnu trop tard la faute immense qu'elle avait faite de ne point écouter les avis du gouverneur, elle lui expédia un courrier porteur d'une autorisation qui le laissait libre d'entreprendre désormais tout ce qu'il jugerait convenable pour le salut de Toulon.

Le vieux général n'en désespéra pas, lui. S'il avait été entravé dans ses vues, si malgré ses sollicitations, on lui avait refusé les moyens d'assurer à temps, la défense d'un des points les plus importans du royaume; l'ennemi approchait, il allait être là, l'imminence du danger redoubla son zèle; son ame toute française s'émut à la crainte de voir l'étranger s'emparer d'une ville dépendant de son gouvernement, il y accourut, et, sans ressources aucunes, il prit néanmoins la résolution de la protéger par tous les moyens que peut suggérer à un homme de cœur l'amour de la patrie.

D'abord il fit publier à son de trompe le mandement suivant:

Le comte de Grignan à MM. de la noblesse, bourgeois et manans de la ville de Toulon.

« Demain, l'armée des alliés, commandée par mon-
« seigneur le duc de Savoie aura passé le Var, demain
« l'ennemi sera en Provence et marchera sur votre ville.
« Il est du devoir de tous de coopérer à la défense com-
« mune.

« Nous convoquons le ban et l'arrière-ban. MM. de
« la noblesse se rendront auprès de notre personne avec
« leurs équipages.

« MM. les bourgeois formeront une compagnie la-

« quelle nous chargeons des gardes intérieures de la
« ville.

« Nous commandons tous autres habitans, quels qu'ils
« soient, de se porter partout où il nous plaira les ap-
« peler..

« A tout ce que dessus, les exhortons, au nom du
« roi qui compte sur le zèle et le courage de ses fidèles
« sujets de Provence. *

« Fait à Toulon, le 3 juillet 1707.

« Signé Grignan. »

Après la publication de cet arrêté qui appelait une grande partie de la population aux travaux à exécuter aux remparts, fossés et retranchemens de la place, le gouverneur ordonna à M. de Castelane, premier procureur du pays, de commander en outre deux mille hommes de la banlieue pour aider les travailleurs de la ville qu'il commença à employer le jour même.

Le lendemain, deux bataillons du régiment de Flandres arrivèrent à Toulon, venant de Nice. Le général les fit camper sur les hauteurs de Ste-Catherine, leur droite à la chapelle, leur gauche à la bastide d'Artigues; et il voulut qu'on travaillât aussitôt à couvrir ce camp d'un retranchement.

---

* Extrait des notes du chevalier Bernard, officier d'ordonnanc du gouverueur.

(Manuscrit de 1707.)

L'exemple de l'activité donné par un vieillard si vif et si alerte, gagna tout le monde. Des milliers de gens de bonne volonté accoururent de tous les points et mirent leurs bras à sa disposition; les matelots des équipages des galères, les ouvriers de l'arsenal de la marine en firent autant; des femmes, des enfans vinrent réclamer comme une faveur d'être employés à l'apport et au déblais des terres; enfin le zèle fut si universel et si grand, qu'en peu de jours on parvint à établir une ligne défensive que les ennemis eux-mêmes, dans toutes leurs relations, ont appelée un prodige.

Au plus fort de ces travaux de géans, le maréchal de Tessé arriva. En trouvant déjà le fossé creusé, élargi, escarpé et pourvu de caponnières, le chemin couvert, la contrescarpe et les glacis * fortifiés, des places d'armes établies, des embrâsures pratiquées à toutes les faces du bastion, des terrassemens et des palissades élevés partout, il témoigna hautement son admiration. Et cela se conçoit! A l'aspect de cette multitude d'habitans de tout état, de tout rang, de tout âge, occupés avec

* Pour donner au glacis l'étendue nécessaire, on fut obligé de fouiller dans le cimetière et de détruire les mausolées de M. de Paigré, ancien évêque, et de M. de Courcelles, ancien Commandant de Toulon; leurs cadavres furent exhumés et portés à la cathédrale.

ardeur à rétablir les fortifications de la place, à ce concert unanime d'acclamations patriotiques, de chansons populaires, de dictons provençaux qui révélaient chez tous ces braves gens l'esprit de la contrée avec son tour original, sa joyeuseté et son enthousiasme, quel homme, sans être général d'armée, n'eût pas senti le sang remonter à son front, l'espoir revenir à son cœur. Le maréchal ému de tant de dévoûment, prit confiance. Il ne se borna pas à visiter quelques points, il parcourut tous les lieux et laissa, avant de partir, des instructions aux chefs des différens services pour ce qu'il y avait à ajouter aux travaux déjà faits.

Aussitôt nouvel appel à la population, nouveaux prodiges. La batterie des Minimes avait besoin d'être couverte : des gens vinrent qui, sous la direction de M. de Lozières, ingénieur, y construisirent une redoute *. Les gorges d'Ollioules demandaient à être garnies de monde afin d'avoir dans tous les cas le libre passage de ce défilé: on y porta un bataillon de garde-côtes qui fut bientôt appuyé par une foule de gens du pays, transformés tout d'un coup en milice cantonnale. L'établissement d'un camp

---

* A cette époque il existait, aux abords de la porte d'Italie, alors porte St-Lazare, un grand faubourg qui fut entièrement rasé ainsi que le couvent des pères de la Merci, et les bastides et murs de clôture en avant de ce faubourg.

était indispensable sur la hauteur de Ste-Anne: M. Niquet, directeur des fortifications, le traça en présence de M. de Grignan qui n'eut pas la peine de faire une réquisition au dehors; les habitans semblaient se multiplier; ils accoururent, et les retranchemens se dressèrent comme si une puissance surnaturelle les avait fait sortir de dessous terre. Ces retranchemens formaient deux lignes d'enceinte autour du camp, dont l'une commmençait en avant de la demi-lune de la porte Royale et l'autre à la courtine entre les bastions de la Fonderie et de Ste-Ursule. Ces deux lignes furent fortifiées par des redans et poussées, en s'élargissant, jusqu'à l'escarpement de la montagne de Faron.

Ainsi les anciennes fortifications, naguères délabrées se relevaient et se régularisaient au milieu de ce monde d'ouvriers travaillant sans relâche; d'autres avaient été établies, d'autres encore étaient commencées: on n'entendait sous les murs de la ville que le fracas des marteaux, le cri aigu des scies, le tournoiement des outils à perforer, le choc des pierres, le bruit des pelles, des pioches, des machines à terrasser, tout cela mêlé, confondu aux éclats de voix, au retentissement des armes, aux refrains des gais Provençaux, au mouvement de la multitude d'hommes, de femmes, d'enfans, allant, venant, se croisant dans tous les sens; c'était un tumulte, un vacarme incessant, au sein d'une colonie enthousiaste, où il n'y avait que des pensées de gloire, des sentimens de fraternité, des cœurs palpitans de l'amour de la patrie.

 Dans ce tableau mouvant, au centre de ce panorama plein d'agitation et de vie, posait sur le premier plan, entre Chalmazel, commandant à Toulon, et quantité d'officiers de toutes armes, de tous grades, cet Adhémar de Monteil, ce bon Grignan, au front vénérable, à l'œil étincelant sous des cheveux blanchis; toujours infatigable, il veillait partout, s'occupait de tout, animant les uns par un geste, les autres par une parole, mettant quelquefois la main à l'œuvre là où il apercevait le moindre ralentissement. Pour lui point de repos. Il était où étaient les ouvriers. Il y prenait ses repas, il n'en bougeait point. Le lieutenant-général de St-Paters, envoyé de Paris en qualité de commandant supérieur de la place, le trouva à ce poste d'honneur et n'obtint que là sa première audience.

II.

II.

II.

Le ministère. — Prévoyance du gouverneur. — Trait de patriotisme. — L'armée des alliés passe le Var. — Retraite du général de Sailly. — Entrevue de MM. de Grignan et de Broglie à Aubagne. — Route extraordinaire. — Incident. — Arrrivée de la division Goesbriant. — Halte de l'ennemi à Pignans. — Conseil de guerre. — Paroles du prince Eugène et du duc de Savoie.

Toulon hors d'état au commencement de juillet de soutenir un siège de trois jours, était déjà vers le 15 dans une situation à rassurer les plus timides. Les travaux du camp retranché de Ste-Anne avançaient rapidement, ceux de palissades et de terrassemens autour des murs d'enceinte, étaient presque achevés ; on avait fait des fourneaux sous toutes les places d'armes, pourvu chaque battetie, chaque bastion de son matériel ; enfin au dehors, au dedans, sur les remparts, toutes les mesures de défense possible étaient prises. Ce changement de position en quelque sorte miraculeux, on ne le devait qu'au zèle patriotique dn gouverneur de la province et à l'étonnante ardeur des habitans de la ville et des marins du port. Quant à la cour et au ministère, ils n'y étaient pour rien. Jamais, en aucun temps de la monarchie, on n'avait vu semblable découragement parmi les hommes du pouvoir; ils ne croyaient même pas à la possibilité de résister et leur imprévoyance allait si loin, qu'ils laissaient l'armée du Dauphiné sans ordres, les caisses de la guerre et de la province sans argent. Inquiets, tremblans, abattus, on eut dit à les voir qu'ils n'avaient qu'une pensée, celle de savoir comment ils parviendraient à apaiser le généralissime des armées alliées.

Le comte de Grignan ne s'était pas mépris sur la mission du marquis de Saint-Paters. Il savait ce général dévoué corps et ame à M. de Chamillart, et il voyait bien moins en lui un commandant supérieur de Toulon qu'un agent du ministère prêt, au besoin, à traiter avec le duc de Savoie. Cependant il n'en fut point ébranlé; malgré l'indifférence inconcevable de la cour, malgré les dispositions peu encourageantes du ministre à double portefeuille qui le laissait précisément manquer des objets dépendans des deux départemens qu'il administrait, il persista à vouloir mettre la place tout à fait à l'abri des insultes de l'ennemi.

Deux choses essentielles, indispensables pouvaient seules concourir au succès de sa noble entreprise, d'abord l'argent, puis la présence d'un corps d'armée sous le rempart de la ville. Déjà, pour le second objet, sa prévoyance n'était point en défaut; il avait écrit au maréchal de Tessé une lettre fort pressante et chargé, en même temps, le chevalier Bernard, son officier d'ordonnance, d'aller visiter avec la plus scrupuleuse attention tous les passages, routes et chemins par lesquels on pouvait arriver à Toulon, et de bien s'assurer de la topographie et de l'état exact des lieux, vaux ou montagnes praticables pour la marche des troupes. Quant à l'argent, il n'avait rien à espérer de la cour dont la mauvaise volonté était patente, rien à attendre de la municipalité dont les ressources étaient épuisées. C'était à la province seule à fournir encore, bien qu'elle eût déjà fait d'énormes sacrifices. Cette considération le détermina à partir avant le 18, époque à laquelle les conférences devaient s'ouvrir à Aubagne, ainsi qu'il en était convenu avec le maréchal.

Arrivé à Marseille, Adhémar comprit bien vîte l'immense difficulté qu'il éprouverait à se procurer seulement les premiers fonds d'urgence. Alors, sans hésiter une minute, il envoya sa vaisselle à la monnaie royale pour y être fondue. Il n'épargna pas même celle de sa femme. L'œuvre fut complète. Toute l'argenterie aux armes des Grignan et des Sévigné, qui tant de fois avait brillé sur la table splendide du gouverneur de la Provence, s'anéantit au creuset, reparut bientôt sous la forme modeste de petites pièces d'argent, circula dans les mains du pauvre et servit à lui procurer sa chétive subsistance.

Monsieur Lebret, intendant de la province, ne resta point en arrière ; le premier il suivit l'exemple donné par le gouverneur. Sa vaisselle et celle de son père furent immédiatement portées à la monnaie. Ce trait de patriotisme de la part des deux premiers magistrats du pays retentit dans tous les cœurs et y trouva de l'écho. Les offrandes en numéraire, en denrées, en linge, en vêtemens, arrivèrent de toutes parts. Le parlement d'Aix, le commerce de Marseille, la ville d'Arles, les habitans de la Provence entière se levèrent spontanément et se montrèrent à l'envi les généreux imitateurs de cette grande et belle action inspirée par l'amour de la patrie.

Tranquille sur les moyens de faire face aux besoins du moment en ce qui regardait Toulon et ses infatigables travailleurs, le comte de Grignan ne songea plus qu'à garnir la place de troupes. Il s'agissait principalement d'occuper les postes essentiels à l'extérieur, c'est-à-dire gagner de vîtesse le duc de Savoie. La chose pressant. Déjà le prince suivi de toute son armée s'était établi le 10 sur le Var. Le même jour l'amiral Showel avait mouillé la flotte à l'embouchure du fleuve, entre Nice et

Antibes. Dès le lendemain l'ennemi avait forcé le passage, le prince d'Anhalt à la tête de 6000 grenadiers près de la mer, la cavalerie et les dragons une lieue au dessus, et le prince Eugène avec une colonne de 8000 hommes à la hauteur de Broc. Les jours suivans il avait campé au village St-Laurent, de là marché sur Biot, puis sur Cannes sans s'arrêter à Antibes, puis enfin sur Fréjus, partout pillant, brûlant, dévastant et étendant d'énormes contributions.

Le vieux gouverneur avait espéré qu'on arrêterait quelque temps les alliés sur le Var. Le général de Sailly y avait sept bataillons, deux régimens de cavalerie, un de dragons à pied et les milices de Grasse et de St-Paul sous les ordres de MM. de Grimaldy et Chrestien; mais ce général se trouvant dans des retranchemens imparfaits, en présence d'une armée formidable et sous le feu continuel de six frégates, n'avait pas même tenté de défendre le passage du fleuve. Au premier coup de feu il s'était retiré, avait jeté deux bataillons dans Antibes et annonçait partout l'arrivée de l'ennemi qu'il précédait d'un jour seulement.

Le comte de Grignan apprit cette fâcheuse circonstance au moment où il allait partir de Marseille avec son officier d'ordonnance qui l'avait rejoint. Pour la première fois seulement il fut ébranlé, sa fermeté chancela; mais, bientôt, reprenant ce calme, ce sang-froid de l'homme supérieur que rien ne décourage, qu'aucun événement n'arrête, il redoubla d'efforts, de soins et d'études pour créer à la ville de Toulon de nouveaux moyens de défense. L'ouverture des conférences devait avoir lieu le jour même; il comptait enfin savoir là ce que fesait le maréchal et il se hâta de se rendre à Aubagne.

En effet le marquis de Broglie arrivait du quartier-général apportant au gouverneur la nouvelle que le maréchal fatigué de ne point recevoir des ordres précis de la cour, avait ébranlé son armée, et qu'une première division aux ordres du général Goesbriant se portait à marches forcées sur la Provence.

L'itinéraire de cette division était tracé. Elle venait sur Riez, devait prendre la route de Barjols, gagner Brignoles et arriver par Cuers et Solliès. Un pareil ordre de marche offrait un inconvénient grave, celui de pouvoir rencontrer l'ennemi dans le voisinage de Cuers. Le gouverneur en fit la remarque. M. de Broglie la trouva pleine de justesse et proposa aussitôt d'envoyer l'ordre aux premières brigades qui paraîtraient de faire route par St-Maximin, St-Zacharie, le Beausset, et Ollioules. Ce nouvel itinéraire ne valait pas mieux que l'autre; car il ne s'agissait pas seulement d'éviter la rencontre des ennemis, il s'agissait de les devancer, de s'emparer avant eux des postes et des environs de Toulon. Le comte de Grignan en fit encore l'observation à M. de Broglie qui répliqua qu'il fallait pourtant, de toute néce.sité, suivre l'une ou l'autre route. « Non « Monsieur le marquis, non, répondit le vieux « général, ni l'une ni l'autre. Le camp retranché « sous Toulon est vide, la victoire appartiendra « aux premiers occupans et ce sera nous, j'en jure « par mon épée. Il ne sera pas dit que la pru- « dence du comte de Grignan a échoué contre « l'audace de monseigneur le duc de Savoie; nous « sommes de vieilles connaissances, et je lui ai « déjà gagné plus d'une partie dont l'enjeu, il est « vrai, n'était pas le salut de mon gouvernement. « Marquis de Broglie, voici le relevé exact de tous « les lieux du pays. Portez-le de ma part au ma- « réchal de Tessé et dites-lui que je le conjure, au « nom de la conservation de la Provence, de rati- « fier l'ordre que je vais dicter. — Chevalier Ber- « nard, nous vous prions d'écrire. — Nous comte « de Grignan, commandant la Province en l'absence « de monseigneur le duc de Vendôme, gouverneur, « ordonnons à tous lieutenans-généraux, maré- « chaux-ès-camps et brigadiers du roi de l'armée « du Dauphiné, présens ou arrivant à Riez de « porter leur troupes jusqu'à Tavernes pour, de là, « les faire tirer droit sur Toulon, à travers les

« montagnes, passant par la Roquebrussanne et la
« chartreuse de Montrieux. » *

A cela il n'y avait pas un mot à répondre. Le marquis de Broglie et le chevalier Bernard partirent en toute diligence, le premier se rendant au quartier-général de l'armée, le second à Riez afin de joindre la division d'avant-garde, la diriger sur Tavernes et lui faire exécuter le mouvement ordonné par le gouverneur.

Le maréchal de Tessé apprit à Valensoles le changement de route indiqué par le comte de Grignan. Il en conféra aussitôt avec le général Goesbriant, et, tous deux l'ayant approuvé, celui-ci donna rendez-vous à M. Bernard au village de Tavernes, dans la nuit du 20 au 21.

De son côté le gouverneur ne restait pas oisif. Jaloux plus que personne d'assurer le succès d'une marche unique peut-être jusqu'alors dans les fastes militaires, il avait envoyé ordre à toutes les communautés que les troupes devaient traverser d'avoir à leur fournir les vivres et moyens de transport nécessaires, lorsqu'un incident, au dessus de la plus active prévoyance, manqua lui ravir tout d'un coup le fruit de sa patriotique persistance. Une let-

---

* Extrait des notes du chevalier Bernard, officier d'ordonnance du gouverneur.

(Manuscrit de 1707.)

tre de M. de Sailly, arrivée le 20 à onze heures du soir à Tavernes, instruisait le général Goesbriant que l'armée des alliés serait à Toulon le 22 au point du jour, et qu'il eût à agir en conséquence. Heureusement le brave commandant de la division d'avant-garde ne tînt aucun compte de l'avertissement et continua de marcher au secours de la place résolu, d'ailleurs, de s'ensevelir glorieusement sous ses murs si les ennemis l'y avaient devancé.

Le même général de Sailly, après avoir envoyé sa lettre, était venu en toute hâte camper à la Valette, d'où il était accouru à Toulon pour y annoncer que l'ennemi le suivait de près. Mais quelle fut sa surprise quand il trouva parfaitement tranquille le gouverneur qui revenait d'Aubagne : c'est que le noble vieillard n'était pas facile à tromper. Depuis que le duc de Savoie avait passé le Var, il s'était arrangé de manière à savoir jour par jour les progrès de sa marche. Une estafette partie de Lorgues le matin lui apprenait qu'à l'instant même où le général de Sailly lui faisait cette étrange communication, l'armée des alliés était dans les bois de Vidauban, et qu'en conséquence, à peine elle serait au Luc le lendemain, jour où il espérait voir la division Goesbriant prendre position au camp retranché.

En effet, il ne s'abusait point. Le 22 à trois heures après midi, un bruit de fanfare et de tambour retentit au loin sur la route de la Valette. Mille acclamations, parties de tous les points, du camp, des remparts, des glacis, de la place, y répondirent. Le gouverneur, le front rayonnant de joie, monta à cheval, parcourut les lignes et vint se placer en avant de la porte St-Lazare. Presqu'au même instant le général Goesbriant, entouré de son état-major, parut à la tête de sa division marchant au pas de charge, enseignes déployées. Les habitans, les ouvriers, les marins et les soldats de la garnison accoururent en masse à sa rencontre et fraternisèrent au milieu des transports et des cris d'allégresse. Jamais solennité militaire n'offrit un spectacle plus animé. Ce mélange confus de costumes, ces armes étincelantes, ces sons de la musique guerrière, ces drapeaux étalant chacun avec orgueil le nom d'une province sous les murs d'une ville hérissée de canons, d'obus et de mortiers, ces retranchemens, ces palissades, ces gabions, ces fascines, ce sol lui-même tout parsemé d'outils et d'instrumens de guerre, où se pressaient, s'agitaient confondus, pêle-mêle des hommes armés, haletans, couverts de sueur et de poussière, se tendant la main, échangeant des paroles d'amitié, s'étreignant, s'embrassant aux cris de vive la France, tout cet ensemble belliqueux formait une sorte de tableau magique sur lequel les rayons d'un soleil brûlant semblaient déjà réfléchir la victoire.

Le duc de Savoie croyait fermement avoir au moins six jours d'avance sur l'armée du Dauphiné. Quand il apprit à Pignans l'arrivée de quatorze bataillons français au camp de Ste-Anne, il refusa d'abord d'ajouter foi à cette nouvelle. Une marche aussi extraordinaire ne lui semblait pas possible ; il avait beau consulter les cartes, interroger les gens du pays, il ne concevait pas comment la division Goesbriant pouvait être à Toulon, et comprenait moins encore par où elle avait passé, puisque la cavalerie palatine et les hussards de Brandebourg avaient constamment éclairé la route. Cette circonstance inattendue le contraignit à s'arrêter à Pignans où il convoqua dans un conseil de guerre tous les chefs de son armée.

Seize princes des états d'Allemagne, de la Prusse, du Palatinat et de la Savoie, quatre ministres des puissances alliées, présens à l'armée, un amiral anglais et quelques généraux de l'empire, siégeaient à ce conseil. On y débattit longuement le parti qu'il y avait à prendre ; enfin, Eugène se leva et dit : « Il « ne s'agit plus maintenant de surprendre Toulon « dégarni de troupes, comme on se l'était imaginé, « mais de combattre une armée retranchée dans « ses dehors et sur les hauteurs qui l'environnent, « et soutenue d'un nombre infini de canons ; ainsi, « je pense qu'on ferait bien de se retirer honorable-

« ment sans rien risquer. »*Cette opinion, appuyée par les princes de Hesse et de Würtemberg, et combattue par le duc de Saxe-Gotha et quelques autres, allait emporter l'assentiment général, lorsque le duc de Savoie la repoussa vivement. On eut beau lui représenter les difficultés de la circonstance, le désavantage qu'il y avait d'avoir été *primé*, rien ne put l'ébranler. Aux discours, aux représentations, aux prières, il opposa sans cesse ces paroles remarquables par leur ambiguité : « L'entreprise sera continuée, et nous prenons sur « notre compte tout ce qui pourrait en arriver. « Nous connaissons seul des choses que nous ne « pouvons dire à personne. Au reste, nous sommes « pleinement informé de tout ce qui se passe. Nous « ne sommes pas venu ici pour ne rien faire. Nous « savons la guerre, prendre et défendre des places; « notre savoir et la fortune nous serviront de gui-« des. »** Ces mots tranchèrent la question ; les débats furent clos, et le conseil se retira.

Aussitôt trois fusées, tirées sur la crête de la montagne de Notre-Dame-des-Anges de Pignans, donna le signal à la flotte qui mit à la voile des îles d'Hyères et vint mouiller à l'embouchure du Gapeau, à petite distance de terre, afin de débarquer le matériel de siège.

---

* Extrait de la relation de la campagne du duc de Savoie en Provence, publiée à Turin en 1708.
** Extrait de la même relation

III.

III.

Nouvelles contrariétés de la cour. --- Fermeté du comte de Grignan. --- Arrivée de la division Dillon. --- État de la place au 25 juillet. --- Offrande patriotique. --- Actes ministériels. --- M. de Saint-Paters. --- Dernières dispositions.

L'armée du Dauphiné se composait de dix-huit mille hommes, infanterie et cavalerie. Il était convenu avec le maréchal que deux détachemens garderaient, l'un le Pas de Suze, l'autre le Val d'Aoste, que quelques brigades camperaient dans la plaine de St-Maximin afin de couvrir Aix, et que le reste suivrait la division Goesbriant. Mais on avait compté sans la cour. Au moment où l'on y pensait le moins, ordre arriva à M. de Tessé de diviser son armée en trois corps, de porter le premier à la défense de Toulon ce qui était déjà exécuté, d'établir le second sur la Durance, près de Pertuis, et d'échelonner le dernier sur les bords du Rhône. Si le maréchal avait été comme le comte de Grignan, un de ces hommes fermes, résolus, à l'ame énergique, à la volonté inébranlable, il aurait protesté ou, du moins, il aurait pris la peine de peser la valeur d'un pareil ordre, vu s'il n'était pas de nature à annihiler la défense, à porter atteinte à sa réputation militaire. C'est ce qu'il ne fit point. Plus courtisan que soldat, il obéit en aveugle, contremanda la marche des troupes et s'empressa de leur faire effectuer le mouvement imposé par les tacticiens de la cour.

Et voilà comment on se jouait de la destinée de toute la population d'un pays! Conçoit-on cette prétention absurde que l'on avait à Paris, à deux cents lieues du théâtre de la guerre, de vouloir mieux juger de la position des choses que les généraux eux-mêmes qui l'avaient sous les yeux? Le péril que courait Toulon en laissant le camp de Ste-Anne défendu par une seule division, en présence d'une armée de quarante mille hommes, n'était-il pas assez démontré? A quoi songeait-on? Quel mauvais génie soufflait à la cour de fractionner ainsi les troupes quand il fallait, au contraire, opposer à l'ennemi cette force grande, immense, formidable, qui résulte de la puissance d'ensemble?... Mais le fractionnement était le pire de tous les moyens; il entraînait nécessairement la perte de la place et, par suite, celle de la Provence et de plusieurs autres provinces; et dans quel moment! Lorsque l'Europe debout et en armes cherchait par tous les points à se ruer sur la France. On n'avait donc pas calculé les affreuses conséquences d'une invasion générale à laquelle Toulon était le seul et unique obstacle!

On n'avait donc pas pris garde que le duc de Savoie s'était vanté d'aller passer l'automne à Lyon? On ne s'était pas tracé l'horrible tableau de tout ce beau pays ravagé, de toutes ces villes dévastées, de toutes ces populations réduites à la misère! Non. On serait vraiment tenté de penser que le sacrifice était fait d'avance, qu'on voulait en quelque sorte entraver la défense et expliquer ainsi les paroles énigmatiques proférées par le beau-père de Philippe v au conseil de Pignans. Heureusement Toulon possédait dans le gouverneur de la Provence, un homme que rien n'effrayait, que rien n'arrêtait, ni les prétentions des grands seigneurs, ni l'inintelligence des ministres, ni les roueries de la diplomatie, ni même les ordres de la cour.

Le comte de Grignan n'eut pas plutôt connaissance du morcellement de l'armée, si contraire au salut de la place, qu'il en manifesta sa mauvaise humeur à M. de Tessé que tout le monde, à Toulon, s'était attendu à voir paraître à la tête de la deuxième division, et qu'on ne fut pas peu surpris de voir arriver seul. Le gouvernement du roi avait déjà fait, selon lui, d'assez grandes fautes pour qu'on essayât d'empêcher, s'il était possible, qu'il en commît de plus grandes encore; en conséquence, il pria le maréchal d'assembler immédiatement son conseil. Là, il s'éleva hardiment contre le changement survenu dans les dispositions de défense sans avoir égard à la volonté souveraine dont elles émanaient, et il insista avec énergie pour que le reste des troupes du Dauphiné opérât sa jonction avec la division Goesbriant. Une lutte opiniâtre s'établit entre l'opinion de la cour et celle du gouverneur. Toutes deux furent longuement discutées. Enfin, la première, forte de l'appui du maréchal, semblait devoir l'emporter, lorsqu'Adhémar prit de nouveau la parole et déclara hautement qu'il était libre à chacun d'adopter une mesure qui mettrait les clés de la ville aux mains des alliés; mais que jamais lui, comte de Grignan, ne deviendrait complice d'une trahison semblable envers de braves habitans qui tous, consuls, nobles, bourgeois, artisans, avaient bien mérité du roi et de la patrie, et qu'il allait se retirer. Il n'en fallut pas davantage. Dès cet instant les irrésolutions cessèrent, on se rendit à la fermeté du vieux général, on se convainquit de sa conviction : le roi, la cour, le ministère furent délaissés et son avis prévalut.

Les résultats de cette victoire ne se firent pas attendre. Le lendemain au soir*, la division aux ordres du lieutenant-général comte de Dillon arriva; la population toute entière courut à sa rencontre et l'accompagna de ses acclamations patriotiques jusques au camp de Ste-Anne où les troupes prirent

* 25 juillet.

position en seconde ligne. Restaient encore, il est vrai, la division Médavi campée sur les bords de la Durance et quelques bataillons épars; mais, déjà, le maréchal de Tessé qui s'était loyalement rendu à la décision prise par son conseil, s'était chargé lui-même d'aller presser leur arrivée.

Ainsi, le vieux gouverneur avait brisé tous les obstacles, aplani toutes les difficultés. Le duc de Savoie pouvait avancer, la place était en état. On avait joint les deux lignes qui formaient le camp de Ste-Anne par un retranchement en forme d'ouvrage couronné afin de couvrir les batteries. Vingt bataillons de troupes d'élite y étaient établis sous les ordres de Goesbriant et Dillon, deux généraux qui avaient fait leurs preuves. La marine toujours empressée quand il s'agit de danger et de gloire, toujours debout quand la patrie appelle, avait formé douze brigades de trois cents hommes chacune, dont huit chargées de l'artillerie et quatre de la garnison intérieure de la place. Les milices cantonnales répandues sur la route de Toulon à Aubagne, assuraient la communication avec Aix et Marseille. Des compagnies d'ouvriers accourus de cette dernière ville avec leurs outils pour dresser les fortifications et des armes pour les défendre, étaient prêts à faire respecter leur nouveau droit de cité. Il y avait des mortiers, des canons, des bombes, des boulets, de la mitraille dans toutes les batteries. Presque tous les chemins couverts et principalement les places d'armes formées le long de la palissade au devant des courtines et de la pointe des bastions, étaient minés ; l'ennemi ne pouvait en approcher. Un vaisseau de 80 canons, le St-Philippe, mouillé du côté de Missiessy battait la plaine entre les hauteurs de Malbousquet et la ville, et découvrait jusqu'à la gorge St-Antoine. Un autre de même rang, le Tonnant, échoué en avant de la Ponche-Rimade, battait la plaine de ce côté, depuis la hauteur de Ste-Catherine jusqu'à celle de La Malgue. Si l'on ajoute à tout cela l'état des fortifications nouvellement réparées, le talent militaire des généraux, le mérite des officiers du génie et de la marine, le zèle et le courage des habitans, l'ardeur des troupes de terre et de mer, le patriotisme, l'enthousiasme de tous, on conviendra que le comte de Grignan avait raison; le duc de Savoie, ses princes, ses généraux, ses soixante-douze bataillons, ses cent escadrons, sa flotte immense qui semblait à elle seule devoir assurer la prise de Toulon et la conquête de la Provence, toute cette masse énorme d'hommes, de chevaux, d'équipages, de magasins, de navires, levés à grands frais, n'était plus à craindre.

Si redoutable pourtant que fut la place au 25 juillet, il y avait encore une chose essentielle à faire, pourvoir à la subsistance des habitans et des troupes. Ceci regardait moins le gouvernement de la province que la municipalité et la municipalité était précisément dénuée de ressources en argent et en vivres. Le premier secours qu'elle avait tenu de la générosité de M. de Grignan était épuisé et il fallait, cependant, qu'elle trouvât un moyen quelconque de fournir tant à la consommation présente qu'à la réserve. Il appartenait à la noblesse et à la bourgeoisie toulonnaises de donner en cette occasion une nouvelle preuve de patriotisme. Elles se formèrent en assemblée générale à la maison de ville, dans le but de subvenir par des dons ou des prêts aux besoins financiers. M. de Chalucet, évêque de Toulon, contribua le premier pour quinze cents livres, M. Burgues de Missiessy, membre du conseil de la commune, pour cinq cents, et beaucoup d'autres pour des sommes aussi fortes. En peu d'instans l'offrande s'éleva à plus de vingt mille livres que les consuls employèrent aussitôt à l'achat d'un chargement de blé à St-Chamas et à celui de douze cents moutons et quelques bœufs.

Mais tandis que d'un côté, le gouverneur de la province, la marine et l'armée, de l'autre, l'évêque, les consuls et les habitans de Toulon, mettaient tout en œuvre pour assurer au roi la conservation de l'une des places les plus importantes de son royaume, les ministres persistaient dans leur système de déception. Ils étaient tour à tour soupçonneux, avares, bornés, absurdes dans leur sollicitude et dans leur prévoyance. C'était M. de Pontchartrain qui ordonnait aux comtes de Langeron et de Vauvray, le premier commandant, le second intendant de la marine à Toulon, de quitter Paris sur-le-champ pour se rendre à leurs postes. Pourquoi ? Dans quel but ? Venaient-ils donner une meilleure direction au service ou bien féliciter les habitans, leur marquer la satisfaction du roi sur leur zèle et sur leur belle conduite ? Point. Ces hauts fonctionnaires venaient extraire de l'arsenal les agrès des vaisseaux, les canons de fonte, tous les objets précieux pour les diriger sur Arles*; ils venaient intimer l'ordre au marquis de Roye, chef d'escadre, commandant les galères de la rade, d'appareiller et d'aller à Marseille ; et cela, en vue de conserver au roi quelques misérables galiotes dont l'absence pourtant enlevait les moyens d'alimenter les forts de la côte et, conséquemment, restreignait la défense de la place du côté de la mer. Il faut avouer que M. de Pontchartrain était un ministre de la marine d'une prévoyance rare.

* A l'arrivée de MM. de Langeron et de Vauvray, soixante-douze barques chargées d'agrès de vaisseaux et de canons de fonte partirent pour Arles.

(Journal du siège de Toulon par M. Ferand, 2e consul.)
(Manuscrit déposé aux archives de la commune.)

C'était encore M. de Chamillart, l'auteur du désastre de Turin, le ministre flanqué de deux portefeuilles, qui écrivait au marquis de Saint-Paters, d'abord en qualité de contrôleur-général des finances, de veiller soigneusement à ce que les possessions du roi et tous autres objets appartenant à la couronne fussent garantis, ensuite comme secrétaire-d'état de la guerre, d'exciter les habitans à la défense, de ménager la poudre, de traîner le siège en longueur, de rendre la place le plus tard possible, ajoutant à ces paroles déjà si peu françaises, de tailler, d'abattre tout ce qui gênerait la défense, sans distinction de personnes, sans pitié pour aucune. On eut l'extrême bonté de transmettre aux consuls copie de cette lettre [*] de M. de Chamillart, le contrôleur-général, ministre de même force que son digne collègue M. de Pontchartrain.

A coup sûr, il y eut dans la conduite de ces deux hommes quelque chose d'indéfinissable, au dessus de la commune intelligence. C'était plus que de l'aveuglement, plus que de l'impéritie; c'était une sorte de trahison ou au moins une lâcheté; car, enfin, n'était-ce pas une lâcheté que de venir semer le découragement et la démoralisation parmi les habitans d'une ville menacée par l'ennemi? Si le

---

[*] Journal du siège de Toulon, par M. Ferand, 2e consul, en 1707.

(Manuscrit des archives de la commune.)

ministère échoua, ce ne fut pas sa faute ; il n'épargna certes ni les vexations, ni les mesures de défiance ; c'est qu'il trouva chez tous les Provençaux des cœurs vraiment français, révoltés de ses actes, fermés à la crainte, murés devant la honte, mais ouverts à tous les sentimens d'honneur, de patrie et de gloire.

La lettre de M. de Chamillart était tombée entre bonnes mains. Le marquis de Saint-Paters, au lieu de la mettre en pièces, la considéra comme un ordre et, en vertu de cet ordre, il procéda sans retard à la démolition en partie du couvent des Minimes et du monastère des religieuses Saint-Bernard. Passe pour ces édifices ; en les laissant à hauteur d'appui, comme il eut soin de le faire, ils pouvaient fournir des plate-formes très propres à recevoir des batteries au cas où l'ennemi détruirait celles des bastions ; mais il ne s'en tint pas là. Les murs de clôture, les cassines, les barraques et autres bâtimens depuis Castineau jusqu'aux abords de la porte Royale, furent impitoyablement abattus, sous le vain prétexte de rendre libre le jeu de l'artillerie tant du vaisseau le Saint-Philippe que des remparts. Il ne ménagea personne, pas plus le riche que le pauvre. I. eut même poussé le zéle jusques à démolir l'hopital de la Charité si le comte de Grignan et le digne évêque, M. de Chalucet, ne fussent intervenus et ne l'eussent prié instamment de respecter au moins ce modeste édifice que son nom seul rendait sacré même pour l'ennemi *.

Malgré toutes ces précautions si dommageables à une foule de gens, malgré toutes ces mesures ou injustes ou vexatoires, qu'Adhémar était parvenu quelquefois à adoucir sinon à empêcher, la population toulonnaise tint ferme. Personne ne se découragea, au contraire le zèle s'accrut.

Les dernières dispositions étaient prises. Au dehors, sur la route de Toulon à la Valette, on avait coupé les arbres des deux côtés de la chaussée de manière à pouvoir découvrir au loin les mouvemens de l'ennemi. Au dedans, on avait placé des barriques et des bailles pleines d'eau devant chaque maison. Des ouvriers charpentiers et maçons s'étaient établis sur divers points pour porter secours en cas d'incendie. Des hommes âgés, munis de bayarts, s'étaient voués, de leur propre mouvement, au transport des blessés, afin qu'aucun soldat ne quittât son poste. Des femmes préparaient des draps de lit, des linges à pansement et d'autres objets de même nécessité. Partout, dans

---

*Ce moyen de se précautionner par la destruction gagna aussi la marine. Les vaisseaux de haut bord serrés l'un contre l'autre dans la darce furent coulés à moitié ; leur lest avait été préalablement jeté à la mer,
(Journal de M Férand.)

les rues, sur les places, à l'arsenal, chacun était prêt à faire mieux que son devoir. Ce tableau de l'intérieur de la ville avait quelque chose d'imposant. Adhémar, le vieux général de 75 ans, le contemplait avec une surprise souvent mêlée d'orgueil. C'est que tout cela était son ouvrage à lui qui n'avait pas désespéré du salut de la place, à lui qui le premier était accouru dans ses murs, à lui qui en dépit de tout, avait trouvé en moins d'un mois, des matériaux pour la fortifier, des munitions pour l'armer, des subsistances pour la nourrir, des bras pour la défendre.

IV.

IV.

IV.

Arrivée du duc de Savoie à la Valette. — Les ministres des puissances alliées. — Premiers combats. — Désarmement des batteries du Cap. — Prise de Ste-Catherine. — Expédition du prince Eugène. — Insuccès. — Conduite du siège. — Résolution du maréchal de Tessé. — Bataille de Faron. — Résultat. — Paroles de M. de Grignan. — Prise du château Ste-Marguerite. — Prise du fort St-Louis. — Bombardement de la ville. — Retraite du duc de Savoie.

En mettant le pied sur le sol de la Provence, le duc de Savoie avait écrit à la reine d'Angleterre qu'*il s'emparerait de Toulon ou qu'il périrait au siège* [*]. Cet engagement solennel, pris à la face de tout un royaume, laissait peu d'espoir que le généralissime renonçât à son entreprise. L'assemblée d'un conseil de guerre à Pignans, n'avait été qu'une pure déférence envers les princes de son armée, qu'une chose sans conséquence qui ne devait rien

---

[*] Conduite des alliés et du ministère anglais lors de la campagne en Provence, ouvrage publié à Londres en 1711.

changer à sa résolution. Aussi la flotte eut à peine débarqué quelques canons, qu'il se porta en avant et vint droit à la Valette où il campa sur deux lignes, sa droite au village, sa gauche à la mer.

Les ministres des puissances alliées n'avaient pas un seul instant perdu de vue le prince, depuis l'ouverture de la campagne. Dans cette circonstance, ils le suivirent encore et arrivèrent en même temps que lui.

Si l'on demandait pourquoi ces hommes, étrangers aux choses de la guerre, marchaient à la suite de l'armée, partageaient ses travaux, supportaient ses fatigues, il serait facile de répondre : l'invasion en Provence n'était pas seulement le fait d'une ambition personnelle, mais le résultat d'une détermination long-temps élaborée dans les officines de la diplomatie, et adoptée de concert entre l'Empire, l'Angleterre et les autres cabinets de l'Europe. La question du trône d'Espagne n'était pas vidée, sept ans de combats ne l'avaient pas épuisée ; elle se débattait encore les armes à la main entre les parties intéressées, c'est-à-dire entre la France et l'Europe. Or, ce n'était pas précisément à la Provence plutôt qu'à toute autre province qu'on en voulait, on en voulait à la France entière, on cherchait à la terrasser, à la mutiler. Le passage du Var n'était qu'une première blessure. On espérait, après l'avoir frappée au Midi, s'étendre, pénétrer plus avant, et tous ces hauts personnages, mandataires de souverains avides à une si belle curée, étaient là avec leurs instructions, ou ostensibles, ou secrètes, pour recueillir une part dans les débris du colosse que le duc de Savoie avait mission d'abattre. En défiance les uns des autres, ils le suivaient partout et recherchaient ses bonnes graces dans l'espoir d'être chacun, en particulier, le mieux traité dans le partage. Il n'y a pas, il ne peut y avoir d'autres raisons de la présence de ces hommes à l'armée. Vampires titrés et commissionnés, ils attendaient froidement, dans l'antichambre du prince, qu'on leur livrât le cadavre de la France pour le dépécer.

Le premier soin du duc de Savoie fut de faire travailler à un retranchement qui couvrît son camp de tête en queue, et dont il fortifia principalement l'extrémité du côté de mer, afin de conserver la communication avec l'armée navale. Il passa ensuite la revue de ses troupes dans la plaine de Brunet où elles s'établirent, la cavalerie sous les oliviers, l'infanterie dans les vignes, et ne songea plus qu'aux moyens de soumettre Toulon.

Le 29 juillet, il ordonna au comte de Coningsek et au baron de Rebender d'étendre leurs divisions jusqu'à Ste-Catherine, et d'attaquer cette position lorsque le prince de Saxe-Gotha et le général Zinjungen qui venaient par la crête de Faron, à la tête de trois mille hommes, seraient engagés avec la garde avancée d'Artigues. A huit heures du matin, le feu commença sur les deux points à la fois. Le marquis de Broglie qui commandait à Artigues, soutint l'attaque avec une rare intrépidité : quelques efforts que firent les ennemis, il leur fut impossible de forcer le poste. Le général Villars * et les brigadiers Tessé ** et Guerchois ne montrèrent pas moins de valeur dans la défense de Ste-Catherine ; après quelques heures de combat, ils obligèrent les deux divisions à se retirer. Aussitôt le duc de Savoie fit appuyer celles-ci par quatre mille grenadiers aux ordres du prince de Würtemberg qui s'avança en ordre de bataille, et le feu recommença avec une nouvelle vivacité de part et d'autre. L'affaire dura toute la journée. Le général Goesbriant craignant qu'elle ne devînt génerale, avait déjà porté les troupes de la marine dans les chemins couverts, quatre brigades hors de ligne et la compagnie des gardes sur la place d'armes, vis-à-vis de la courtine, entre Ste-Ursule et la Fonderie ; mais, vers le soir, toute crainte cessa : de Broglie avait contraint le prince de Saxe-Gotha à se retrancher dans les vallons, et Villars, obligé les grenadiers de

---

* Chef d'escadre servant en qualité de maréchal-de-camp dans l'armée de terre.

** Fils du maréchal.

Würtemberg et les divisions Coningsek et Rebender à se retirer tout à fait.

Le lendemain, l'ennemi renouvela ou plutôt continua l'attaque avec trois mille hommes de plus. On le laissa s'emparer de la bastide d'Artigues que le général Goesbriant avait ordonné d'abandonner. Quant à Ste-Catherine, il y échoua une seconde fois.

Pendant ce temps, la flotte naviguait dans le canal et débarquait des troupes sur la côte. La première batterie du Cap fut surprise et enlevée d'emblée. Mais M. de Pontac, capitaine de vaisseau, accourut avec les canonniers des autres batteries, la reprit et rejeta vivement les ennemis dans leurs embarcations.

On s'aperçut alors combien il serait difficile de défendre des points aussi divisés avec si peu de monde, * et on décida de conserver seulement la batterie de la plage et celle de l'oratoire St-Elme, et de désarmer les autres. En conséquence, les canons furent encloués et jetés à la mer par les chiourmes.

Le duc de Savoie tenant essentiellement à occuper la hauteur de Ste-Catherine, y dirigea une troisième attaque plus heureuse que les précéden-

---

* M. de Pontac n'avait que 600 hommes.

tes. Cette attaque était commandée par le prince de Hesse-Cassel, le comte de Larocque, lieutenant-général piémontais et le marquis de Salles,* qui abordèrent ensemble, par trois points différens, le plateau et la chapelle. Villars et Guerchois défendirent cette position importante avec un grand courage jusqu'au moment où, accablés par le nombre, environnés de toutes parts, obligés de faire face de tous côtés, et dans l'impossibilité de tenir plus long-temps, ils se retirèrent en bon ordre**.

Maîtres de Ste-Catherine, les ennemis avaient à choisir entre deux partis, attaquer de front le camp Ste-Anne ou le tourner en fesant filer des troupes par le vallon des Favières, au nord de Faron, pour gagner le Revest et Dardennes et déboucher par la gorge St-Antoine. Le premier décidait plus vite la question et on a peine à concevoir qu'avec une armée aussi nombreuse, on ne l'ait pas essayé. On préféra le second, on se fit même une nécessité indispensable d'avoir deux points d'attaque au lieu d'un seul et, pour mieux réussir, on échoua tout-à-fait.

* Ce général fut tué quelques jours après par un boulet du bastion St-Bernard.

** Ce premier succès coûta cher aux alliés. Outre quantité de morts, ils eurent le prince de Hesse grièvement blessé.

Ce fut une grande faute que commit le duc de Savoie de ne pas forcer d'abord le camp retranché ou, du moins, de ne pas le tenter. Que lui importait le passage St-Antoine ? Ce n'était là qu'un moyen et non pas une condition expresse pour le succès de l'entreprise. Quoiqu'il en soit, s'en emparer nécessitait une expédition difficile, ayant besoin d'être sagement conduite, et il ne crut pas faire trop que de la confier au meilleur de ses généraux, son émule, le prince Eugène.

Celui-ci détacha aussitôt le colonel Pfefferkom pour aller reconnaître le terrrain sur la droite des assiégés, combina ses forces, prit ses précautions et partit à la tête de ses Allemands. Mesures inutiles. Le comte de Grignan toujours actif, toujours prévoyant, avait eu soin d'entourer le front d'attaque du côté St-Antoine, de parties de tranchées profondes, défendues par trois mille hommes dont la présence arrêta subitement l'ennemi. Devant une ligne si bien fortifiée, si bien garnie, le prince Eugène n'osa plus avancer et se tint au château de Dardennes pendant que ses soldats, dispersés sur les hauteurs du Revest et hors d'état d'agir, ne trouvèrent rien de mieux à faire que de dévaster la campagne, brûler le village et couper les eaux des moulins.

Cet incident auquel le généralissime ne s'était point attendu, changea tous ses projets ; il abandonna son premier plan d'attaque et résolut de s'établir solidement à Ste-Catherine avant de rien tenter, soit contre le camp de Ste-Anne, soit contre la ville elle-même. Pour cela, il donna ordre à ses troupes de quitter la plaine de Brunet et de venir camper vers les Darboussèdes ; puis il ouvrit, immédiatement, une ligne de communication qui alla de la chapelle au pont de l'Eygoutier, et de là, s'étendit jusques à la Malgue. Quatre batteries de gros calibre s'y élevèrent, une à l'extrémité du côté du canal, deux au milieu et la quatrième à l'autre extrémité, de manière à battre le fort St-Louis. Douze cents hommes y furent employés chaque jour à creuser, couvrir, pallissader, comme on l'avait fait à Toulon au commencement de juillet.

De leur côté les assiégés travaillèrent à terrraser les murailles, depuis la poudrière des Minimes jusqu'à la Ponche-Rimade et y dressèrent des batteries. Sur ces entrefaites le maréchal de Tessé arriva avec dix-huit bataillons qu'il campa en troisième ligne, entre Missiessy et St-Antoine, où il établit son quartier-général. Il avait envoyé le général Medavi avec six bataillons et quarante-deux escadrons dans la plaine de St-Maximin, et laissé trois régimens de dragons au Beausset.

Le temps s'écoula ainsi jusqu'au 12 août, sans évènement remarquable. Les assiégeans avaient perfectionné leur parallèle et poussé des boyaux derrière leurs batteries avec des crochets pour les soutenir. Ils avaient disposé une grande quantité de tonneaux et de gabions en forme de croissant, depuis la chapelle Ste-Catherine jusqu'à la bastide de Cauvières ; ils avaient placé de nouvelles batteries sur une foule de points, quatre à la Malgue, une de vingt canons sur le bastion St-Blancard, une de douze au dessus d'Artigues, une de trois au devant de la Madeleine, deux de sept chacune, à une portée de pistolet du fossé, ces trois dernières dressées contre le vaisseau le Tonnant qui voyait leurs retranchemens en travers et ne cessait de tirer, enfin deux autres contre le fort St-Louis qu'il leur importait de réduire, parce que l'amiral Showel refusait d'approcher la côte, tant que ce fort ne serait pas en leur pouvoir. Tous ces travaux s'étaient exécutés ou se poursuivaient sous le feu des assiégés. Les bastions Ste-Ursule et St-Bernard, le vaisseau le St-Philippe qu'on avait mouillé près du Tonnant, les canons des Minimes et de la Terrasse à la gauche de la Ponche-Rimade, tirant jour et nuit sur Ste-Catherine, sur les lignes et sur tous les endroits où on avait lieu de penser que des fortifications s'établissaient. Quant à la flotte combinée, tantôt aux îles d'Hyères, tantôt au Bruscq, ou bien au large de Ste-Marguerite, elle était dans la plus complète inaction; les boulets rouges de St-Mandrier et les petits forts de la côte l'empêchaient de mouiller aux Vignettes.

Cependant, à l'armée des alliés, on murmurait, on accusait le généralissime de ne pas mettre assez d'activité dans la conduite du siège ; mais le duc de Savoie, insensible à toutes les remontrances, sourd à toutes les observations, persistait dans son dessein de se maintenir à Ste-Catherine : déjà il était parvenu à perfectionner si bien ses parallèles, à se couvrir si bien dans ses retranchemens qu'on était obligé, de la place, de tirer à ricochet : le canon en tirant de face, ne pouvant presque plus l'atteindre. Cet avantage immense, qui permettait à ses soldats de travailler en sureté, l'enhardit au point de laisser paraître enfin une partie du projet qu'il avait conçu, celui de réduire la place sans entreprendre d'attaque, sans risquer une affaire, mais seulement en ruinant, en détruisant toutes les habitations. En conséquence, il démasqua trois nouvelles batteries, l'une de huit mortiers, auprès du pont de l'Eygoutier, l'autre de sept, au bas du plateau de Ste-Catherine, la troisième de quatre, entre la batterie Royale et celle de la croupe la Malgue, et il en dirigea le feu contre les murs de la ville, depuis le bastion St-Bernard jusques au redan de la Ponche-Rimade, de manière à passer par dessus et à cribler les maisons.

Le maréchal n'avait pas eu de peine à connaître d'abord le plan du duc de Savoie : en le voyant demeurer à Ste-Catherine, s'y fortifier, ne rien tenter, ne point combattre, il l'avait deviné. Les mesures prescrites par lui jusqu'alors étaient insuffisantes ; elles ne pouvaient que retarder et non en empêcher l'exécution. En effet, le redoublement du feu de l'artillerie des bastions avait bien démonté quelques batteries *, mais on les avait rétablies, et c'était à recommencer. Le mouillage du vaisseau le St-Philippe à coté du Tonnant, opéré dans le même but, avait produit le même résultat. Quelques sorties faites par de petits détachemens, pendant la nuit, avaient bien quelquefois déconcerté les travailleurs ennemis, bouleversé ou détruit leurs ouvrages ; mais qu'en était-il réellement résulté ? rien, puisque ces derniers reparaissaient le lendemain. On avait retardé d'une heure ou deux l'achèvement d'un travail commencé et pas davantage.

Il s'agissait donc d'éteindre le feu des alliés, d'empêcher qu'ils ne fissent de la ville un amas

---

* La batterie Royale fut démontée et rétablie jusqu'à trois fois. Le 12 août, M. Bousquet, de Toulon, capitaine de galère, y jeta une bombe qui mit le feu aux poudres.

de décombres. Le moyen d'y parvenir, tous les généraux l'avaient indiqué : il fallait prendre l'offensive, jouer le sort de la place dans une partie décisive, c'est-à-dire succomber glorieusement, ou bien refouler le duc de Savoie en dehors de ses positions, le chasser l'épée dans les reins, ruiner ses travaux, tout raser, tout détruire : le maréchal osa le tenter.

 C'était le 15 août, au milieu de la nuit, par une pluie battante qui affaiblissait l'éclat des feux ennemis couronnant les hauteurs. Pour la première fois l'artillerie était muette, les canonniers oisifs, les pièces refroidies. Trente compagnies de milice bourgeoise gardaient l'intérieur de la place; les régimens de Flandres, de Gastinois et les dragons du Languedoc veillaient à l'extérieur, campés au fossé depuis la courtine des jésuites jusqu'à la demi-lune. Tout-à-coup un grand mouvement se fit à Ste-Anne et se prolongea jusqu'au quartier-général du maréchal; des officiers d'ordonnance parurent sur divers points, s'arrêtèrent un instant, et repartirent au galop; les soldats coururent à leurs postes, les bataillons se formèrent et prirent leurs rangs sans encombre. Jamais il n'exista plus d'ordre et de solennité dans les préparatifs d'une expédition militaire : point de tumulte, point de confusion, point de cris autres que le qui vive des sentinelles, point de bruit que le cliquetis des armes et le piétinement des chevaux, partout le calme, partout le sang-froid; chacun avait le sentiment de son devoir.

La première heure du matin sonna à la tour de l'horloge et le pas uniforme et cadencé des soldats retentit sur le sol ; quatorze mille hommes, troupes de toutes armes auxquelles s'étaient joints des bourgeois, des ouvriers, des paysans accourus à la défense de leurs foyers, sortirent du camp. C'était là toute l'armée disponible.

Le maréchal s'avança sur trois colonnes jusqu'au pied des hauteurs de Ste-Catherine. Il avait derrière lui, en deuxième ligne dix bataillons, leur droite appuyée à la ville, leur gauche à la montagne de Faron, pour soutenir l'attaque. Les brigades et la compagnie des gardes de la marine avec quelques dragons du Languedoc étaient en potence sur la droite de cette ligne. Une quatrième colonne, composée des brigades du Lyonnais et de La Fare, aux ordres du lieutenant-général Dillon ayant avec lui Villars, Raffelot, Sansay et Guerchois, ce dernier commandant douze compagnies de grenadiers, était partie, de bonne heure, avec six pièces de canon, portées à dos de mulets; elle devait parvenir à la crête de la montagne de Faron par un chemin entre les deux lignes du deuxième camp de St-Anne, chemin indiqué par M. Léraud, bourgeois de la ville, qui connaissait parfaitement la localité et qui s'était bravement engagé à servir de guide dans cette expédition difficile. Le général Dillon avait ordre, s'il parvenait à la croix de Faron, de faire un signal sur lequel le maréchal commencerait l'attaque. D'un autre côté, le brigadier Cadrieux s'était embarqué à minuit avec six compagnies et six piquets, pour aller faire une reconnaissance sur la hauteur de la Malgue afin de persuader aux ennemis qu'on en voulait sur ce point à leurs batteries tandis qu'on ne songeait qu'à Ste-Catherine et à Artigues.

Au point du jour, Dillon avait enlevé la redoute que les ennemis avaient à Faron, du côté de la Valette; il était parvenu au sommet de la montagne et l'avait annoncé au maréchal par trois fusées volantes ainsi qu'il en était convenu avec lui. Aussitôt les trois colonnes s'ébranlèrent à la fois et la bataille s'engagea.

Le fils du maréchal qui commandait la colonne de gauche, coupa par les vignes et les oliviers, entre Ste-Catherine et Faron, tomba à la tête de sa brigade sur un camp de quatre bataillons piémontais et les défit complètement. Le général Caraccioli, avec celle de droite composée de six bataillons des troupes de la marine et de dix compagnies de grenadiers, attaqua les ennemis dans leur parallèle, défendue par des murailles, derrière lesquelles ils tinrent plus d'une heure; mais les ayant pris en flanc par un feu supérieur, il les mit promptement en fuite. La résistance fut plus vive au retour de la tranchée qui prenait au pont de l'Eygoutier : là, le prince de Saxe-Gotha préféra une mort glorieuse à l'abandon de ses retranchemens. La colonne du centre, aux ordres du général Goesbriant ayant près de lui le maréchal-de-camp Montsoreau avec les brigades de Bourgogne et de Mirabeau et le marquis de Broglie à la tête de treize compagnies de grenadiers, avait la première commencé le mouvement sur Ste-Catherine, renversant, enlevant tout ce qui se trouvait sur son passage. Arrivée sur la hauteur, au moment où la droite et la gauche engageaient le combat, M. de Metz, colonel du Vexin, marcha avec son régiment droit à la Chapelle, au milieu d'une grêle de balles, et parvint à s'en rendre maître. Le général Zinjungen et l'adjudant Prastigardi qui occupaient cette position, se retirèrent sur un fort plateau à leur droite et s'y établirent sous la protection de trois mille hommes enfermés dans leur parallèle. Aussitôt l'intrépide de Broglie accourut avec ses grenadiers, aborda le plateau à la bayonnette, culbuta les ennemis dans leur boyau, s'y élança avec eux, les poursuivit, les chassa et s'empara de deux pièces de canon aux armes du duc de Savoie.

Dès cet instant, l'affaire devint générale. L'armée ennemie toute entière prit les armes pour disputer la victoire; mais, inutilement. L'artillerie française, faible d'abord, venait de s'augmenter de six pièces envoyées sur des traîneaux disposés en affûts, par le commandant de la marine. M. de Court, capitaine de vaisseau, les fit servir merveilleusement contre les ennemis qui se réfugièrent derrière leurs murailles et leurs retranchemens. Bientôt de Broglie et Caraccioli parurent, firent une brèche, y montèrent la bayonnette au bout du fusil, et répandirent une telle épouvante parmi les troupes alliées que, ne pouvant plus tenir, pliant de tous côtés, elles se dispersèrent en désordre. Envain le généralissime se présenta lui-même, envain ses lieutenans cherchèrent à arrêter les fuyards et à les ramener au combat : les soldats français avaient pris une attitude si imposante, le canon du Tonnant, celui des bastions et des courtines de St-Bernard et des Minimes étaient si bien servis, que les princes ne parvinrent jamais à se reformer et furent contraints de se retirer, après avoir vu raser leurs retranchemens, détruire leurs batteries, brûler leurs gabions, leurs fascines, leurs madriers et leurs plate-formes. A trois heures après midi, tout était terminé; les dix bataillons que le maréchal avait laissés en deuxième ligne, vinrent se mettre en bataille en avant de Ste-Anne, à portée de secours, et le reste des troupes rentra dans le camp.

D'un autre côté, et le même jour, le brigadier Barville et le colonel Nizas, qui étaient à St-Antoine avec sept bataillons du Berri, de Tierrache et de Boissieux, attaquèrent le prince Eugène au château de Dardennes, le délogèrent, lui tuèrent cinq ou six cents hommes et le chassèrent lui et ses Allemands des hauteurs du Revest*.

Telle fut la bataille livrée sous Faron, le 15 août 1707, bataille à jamais célèbre, jour de triomphe éclatant, de gloire immortelle pour la ville de Toulon. Douze cents hommes de l'armée française y perdirent la vie; honneur à leur mémoire! Le maréchal de Tessé, les généraux Goesbriant et Dillon, le chef d'escadre Villars, les brigadiers de Broglie, Tessé et Guerchois, les capitaines de vaisseau Duquesne-Mosnier, Chaulieu, Beaussier et de Court de Bruyères, et les officiers, soldats et matelots sous leurs ordres, déployèrent pendant le combat un sang-froid, un courage, une intrépidité admirables. Le comte de Grignan, malgré son grand âge, resta dix heures à cheval : c'est

* Sur un autre point, à la Malgue, M. de Cadrieux avait complètement réussi dans son expédition. Parti à minuit, il était allé débarquer ses troupes à la gauche de l'ennemi pour faire une reconnaissance sur le coteau. A son approche, l'alarme fut si grande que les Piémontais enclouèrent eux-mêmes leurs canons et se débandèrent, sans attendre le combat.

dire qu'il fut au feu, ce qu'il avait été lorsqu'il s'était agi de mettre la place en état de défense, d'un dévouement sans bornes à la cause de la patrie. Quant à la foule de bourgeois, d'artisans, d'habitans de la ville de tout rang, de toute fortune, soldats improvisés au jour du danger, ils reçurent sur le champ de bataille même les félicitations de M. de Tessé à qui le vieux gouverneur adressa ces courtes paroles : « Monsieur le « maréchal, nous dirons au Roi que nous avons « vu les Toulonnais face à face avec les ennemis, « faire bonne contenance et se battre en braves « gens.* »

Le lendemain, l'armée des alliés demeura, sans faire un mouvement, à la Valette et au pont de l'Eygoutier où elle avait conservé quelques batteries, de l'autre côté du canal. Le duc de Savoie, encore tout effrayé, tout étourdi de sa défaite, croyant voir sans cesse les Français devant lui, s'empressa de faire couvrir son quartier-général par deux corps de trois mille hommes chacun, qu'il plaça, l'un sur une hauteur à la droite du village, et l'autre sur le revers d'un coteau un peu plus en avant. Trop maltraité pour songer, de long-

---

* Extrait des notes du chevalier Bernard, officier d'ordonnance du gouverneur.

(Manuscrit de 1707.)

temps, à reprendre l'offensive, il eut néanmoins une légère réminiscence de son système de destruction, et il ordonna de lancer quelques bombes sur les toits des maisons de la ville.

En définitive, le résultat de la journée de Faron fut immense.*L'invasion des ennemis en Provence de menaçante qu'elle était pour les autres provinces du midi de la France, peut-être pour la France entière, devint tout d'un coup après la bataille, faible, languissante, incapable d'inspirer la moindre alarme; c'était sans doute un monstre encore, mais un monstre frappé au cœur, terrassé, impuissant dans sa rage, qui n'avait plus que quelques jours à couvrir le sol français de sa bave impure.

Une seule ressource restait au généralissime des armées alliées : la flotte. Jusqu'alors, les vaisseaux anglais et hollandais ne lui avaient pas été d'un grand secours, le château Ste-Marguerite les tenait constamment au large, et, il faut le dire, leur grand nombre avait fait aux assiégés plus de peur que de mal. Pour mettre un terme à cet empêchement continuel d'approcher de la rade que l'amiral Showel fesait principale-

* Outre ses travaux détruits, ses ouvrages comblés, le duc de Savoie avait eu quatre mille morts, et de nombreuses ambulances attestaient que le chiffre de ses blessés était bien plus considérable.

ment consister dans l'existence des forts Sainte-Marguerite et Saint-Louis, le duc de Savoie, vers le six août, en avait déjà prescrit le siège. Un corps de deux mille cinq cents hommes s'était à cet effet approché du premier de ces forts avec du canon : il avait ouvert la tranchée et établi une forte batterie qui, en battant en ruine celle de deux pièces seulement que le château avait du côté de terre, le maltraitait cruellement. M. de Grenonville, capitaine de frégate, commandant cette place, opposa dix jours de glorieuse résistance, après lesquels, ayant ses canons démontés, manquant d'eau et de munitions, réduit à la dernière extrémité, il se vit contraint de rendre le château. Cet officier supérieur, à la bravoure duquel le duc de Savoie lui-même paya un juste tribut d'éloges, et dont il n'accepta l'épée que pour la lui remettre aussitôt, * avait fait son devoir et capitula avec honneur.

Presqu'à la même époque, M. Daillon, capitaine au Vexin, et M. Cauvières de Saint-Philippe, lieutenant de frégate, abandonnèrent le fort St-Louis** et se retirèrent à la Grosse-Tour. Alors la flotte put

* Relation du siège de Toulon par M. Devize, (novembre 1707.)

** Le donjon était tombé et le fort lui-même était entièrement criblé.

naviguer et débarquer ce qui lui restait à bord des équipages de siège; mais, déjà, la bataille de Faron avait eu lieu, les plans et les projets du duc de Savoie étaient totalement détruits. Ce prince n'avait plus de retranchemens, plus de batteries sur les hauteurs de la place, plus de parallèles, plus de lignes de communication, tous ouvrages construits à grand'peine, qu'il ne pensait nullement à rétablir. Le temps pressait; des renforts pouvaient arriver d'un moment à l'autre à la place et l'inquiéter dans sa retraite, s'il était obligé d'en lever le siège : il revint donc à son idée fixe, la guerre aux maisons. Le concours de l'armée navale lui donnait, cette fois, l'espoir de réussir. Il lui demanda des mortiers en quantité, les établit derrière l'Eygoutier et commença le bombardement de la ville par terre, en attendant que l'amiral eût mouillé les galiotes à l'anse de St-Louis, pour la bombarder par mer.

Ici reparurent plus éclatans que jamais le zèle et le courage des habitans de Toulon. Le général Saint-Paters et les consuls n'eurent pas besoin de réclamer leur assistance; spontanément ils s'organisèrent en *escouades de bon secours**, toujours prêtes à se porter sur tous les lieux atteints. Enumérer les services que ces escouades rendirent est chose

---

* Notes du chevalier Bernard, officier d'ordonnance du gouverneur.
(Manuscrit de 1707.)

impossible. Il n'y eut point d'obstacles qu'elles ne franchirent, point de dangers qu'elles n'affrontèrent : les bourgeois et ouvriers qui les composaient, avaient le foyer paternel à protéger, à défendre, et ils s'en acquittèrent avec un dévoûment au dessus de tout éloge.

Le bombardement, entrepris le 17, ne discontinua point jusqu'au 21. Ce jour là, à onze heures du matin, six galiotes anglaises vinrent mouiller au pied du fort St-Louis et commencèrent aussitôt, de leur côté, à bombarder le port et la ville. En même temps cinquante-deux vaisseaux formèrent une ligne d'embossage depuis Sepet jusques au château de Sainte-Marguerite et battirent à la fois toute l'entrée de la rade. C'était une chose horrible à voir et à entendre que ce feu continuel, ce vacarme de tous les instans, cette pluie incessante de boulets et de bombes et, pourtant, la population ne laissa apercevoir aucun signe de découragement. Enfermée dans les murs de la place, prompte à porter secours aux lieux incendiés, attentive à prévenir, à affaiblir ou à détruire l'effet des projectiles, toujours debout, toujours active, courant, agissant, rivalisant de zèle avec les troupes, grandissant à mesure que le danger grandissait, elle fut inébranlable.

Le duc de Savoie qui s'était attendu à ce que le

bombardement par mer acheverait de ruiner entièrement la ville et amènerait sa reddition, comprit alors que là où il y avait autant de résolution, autant d'héroïsme, il ne serait pas plus heureux avec les bombes des Anglais qu'il ne l'avait été avec ses propres armes. En conséquence, il embarqua ses blessés, ses malades et une partie de son matériel, fit sauter le fort Ste-Marguerite, et se prépara à opérer sa retraite. Il n'avait pas de temps à perdre. Déjà la journée approchait de sa fin; une batterie de canons de trente-six s'établissait à la Malgue sous le commandement du brave capitaine de vaisseau de Court de Bruyères et inquiétait les galiotes à bombes. Le maréchal pouvait dès le lendemain recommencer le combat, et c'est précisément ce que le duc de Savoie voulait éviter : ses soldats fatigués, harrassés par vingt-six jours de siège, abattus par la chaleur, exténués de privations, démoralisés par une défaite n'étaient plus en état de faire face, de tenir seulement une heure contre les troupes françaises; il le savait, il le voyait et il pressait son départ.

Enfin, après quatorze heures de bombardement, c'est-à-dire dans la nuit du 21 au 22, M. de Court de Bruyères força les galiotes anglaises à lever l'ancre et à rallier la flotte qui, elle-même, retourna aux îles d'Hyères.

En ce moment même, l'armée du duc de Savoie commença à défiler, laissant seulement dix bataillons pour former son arrière-garde. Au point du jour, elle était hors de vue, Toulon avait sauvé la Provence, le siège était levé.

V.

v.

CONCLUSION.

L'armée des alliés se mit en marche sur cinq colonnes et prit la même route qu'elle avait tenue en venant à Toulon. Sa fuite fut prompte. Six jours lui suffirent pour arriver sur le Var qu'elle repassa le 26 août, en présence du duc de Savoie qui formait l'arrière-garde avec soixante escadrons. Le lendemain tout était fini : l'étranger ne foulait plus le sol de la Provence : l'invasion avait existé.

Ainsi se termina l'entreprise du duc de Savoie contre Toulon, entreprise long-temps méditée dans les cabinets des puissances coalisées, entreprise préparée dans le silence et dans l'ombre par la vengeance, l'ambition et la haine, entreprise tentée avec une armée de quarante mille hommes, un matériel immense et une flotte de deux cents voiles. Certes, rien de ce qui pouvait en assurer le succès n'avait manqué, ni les mesures de prudence, ni les munitions, ni les généraux, ni les soldats, et, pourtant, elle échoua. Si l'on consulte les différentes versions des vaincus, et les vaincus sont ici l'Angleterre, la Hollande, la Prusse, l'Italie, l'Autriche et prestous les états d'Allemagne, c'est-à-dire l'Europe entière, moins la Russie et la Suède dont les destinées se jouaient à cette époque entre le czar Pierre et Charles xii, si l'on examine tout ce qui a été écrit et publié sur les causes qui ont amené le non succès de l'expédition en Provence, on y trouvera des choses vraiment singulières. D'abord, c'est la reine d'Angleterre qui accuse le cabinet de Vienne d'avoir employé douze mille hommes à la conquête de Naples, lorsque ces douze mille hommes devaient faire partie de l'armée des alliés; ensuite, c'est l'empereur qui se plaint, à son tour, de ce que le ministère anglais n'a pas fourni les subsides convenus; puis, c'est l'électeur de Brandebourg et le prince de Darmstadt qui prétendent que l'on a mis trop de lenteur dans les opérations; c'est le prince Eugène dont on n'a pas écouté les avis; puis, enfin, c'est le duc de Savoie qui renchérit sur tous; si on l'en croit, il a été trompé, trahi par chacun, par l'amiral Showel dont la flotte n'a point agi, par Eugène qui a traversé ses projets, par le trésorier de la reine qui l'a laissé manquer d'argent; il ne ménage personne, il s'en prend à tout le monde. L'amour-propre froissé d'un prince, d'un généralissime battu, perce à travers cette foule de motifs allégués uniquement pour prouver..... que sa défaite a été complète.

A toutes ces raisons intéressées, sans base, sans fondement, surtout sans vérité, produites par chacun des alliés, il est facile de répondre : il suffit de résumer les faits.

Le duc de Savoie, ancien généralissime des armées françaises, avait été blessé dans son orgueil par le peu de prix que Louis XIV attacha à son alliance, lorsqu'il lui refusa le duché de Milan en échange de la Savoie. Flétri à la face de l'Europe, après sa défection en Italie, il emporta dans le camp ennemi un désir ardent de se venger. Ce désir, il le fit éclater à la première occasion favorable, quand le maréchal Marchin eut perdu la bataille de Turin et que la France, épuisée de revers, n'eut plus cette attitude redoutable qu'elle avait au commencement de la guerre de 1700. Alors, ce fut lui qui proposa l'invasion, qui en mûrit le projet dans ses conseils et qui se chargea seul, pour ainsi dire, d'en assurer le succès. Il dut donc réunir tous les moyens possibles de réussir, car il y allait de sa gloire, de son honneur, de sa fortune, et comme mandataire des puissances alliées, et comme leur général, et comme prince avide, ambitieux, ayant trahi l'oncle de sa femme et le gendre de sa fille pour le simple échange d'une province. Une reine puissante et les souverains de trois royaumes avaient les yeux sur lui. Il n'en fallait pas tant à un homme de son caractère pour l'élever au dessus de lui-même, pour le rendre capable de tout. D'un autre côté, le ministère français, soit impéritie, soit trahison, lui fesait large part : il n'avait qu'à traverser le comté de Nice l'arme au bras, paraître sur le Var, traverser le fleuve et entrer en

Provence sans tirer un coup de fusil; là, il trouvait un pays presque totalement dégarni de troupes, la place de Toulon sans fortifications élevées, sans défenseurs, n'ayant que quelques bourgeois, quelques ouvriers, quelques paysans qui devaient, à son approche, crier : pitié, merci! du moins il le croyait puisqu'il s'était vanté d'être à Lyon *avant la chute des feuilles.* Eh bien! c'est précisément devant Toulon que périrent ses projets de conquête, cette place se dressa tout d'un coup devant son armée et lui barra le chemin. Qu'il ait cherché à l'emporter, cela se conçoit; mais, qu'après y avoir échoué, il ait voulu laver sa honte en accusant ses généraux de mauvaise volonté, ou les puissances elles-mêmes de félonie, c'est une mauvaise foi insigne. Ce ne sont ni les Impériaux, ni les Anglais, ni leur défection en aucune manière, qui ont causé sa défaite; ce sont les habitans, levés en masse à la voix du gouverneur de la Provence, de ce courageux Grignan dont l'admirable prévoyance pourvut à tout.

Et par quelles actions d'éclat, le duc de Savoie mérita-t-il, pendant sa campagne, la confiance des souverains ligués, lui qui osa leur imputer son désastre? Tenta-t-il une attaque contre la place? Non. Chercha-t-il seulement à forcer le camp de Ste-Anne? Non. Avec une armée de quarante mille hommes, il craignit d'en attaquer une de seize, et il se borna à faire la guerre aux habitations, caché derrière des retranchemens; et quand les soldats français et les habitans de Toulon l'y vinrent chercher, où fut donc le talent qu'il déploya, ce prince qui avait l'orgueilleuse prétention de conquérir la France! Indécis et tremblant, il tint à peine quelques heures avec des forces supérieures et finit par essuyer une déroute complète. Il ne fallut que la bataille de Faron, et son entreprise s'évanouit, ruinée à jamais.

Sans doute la journée du 15 août fut une grande et belle victoire. Elle brillerait au premier rang dans les fastes de l'histoire si, comme on aurait dû le faire, on l'eût complétée en détruisant entièrement les ennemis; mais le maréchal de Tessé avait des ménagemens, des mesures à garder; il n'y a aucun doute à cet égard. Le peu d'empressement qu'il mit à inquiéter le prince dans sa retraite* en est une preuve convaincante. Il ne dût jamais oublier un instant que le duc de Savoie était l'époux d'une nièce de Louis XIV et le beau-père de Philippe V, sans cela sa conduite donnerait

---

* Le maréchal envoya, le 22, les brigades de Bourgogne, de Bretagne et d'Anjou pour renforcer le général Medavi, à St-Maximin; mais il ne se mit lui-même à la poursuite de l'ennemi que le 23, trente heures après le départ du duc de Savoie.

trop à penser. Il vaut mieux, d'ailleurs, pour l'honneur du pays, expliquer les événemens qui se sont passés devant Toulon, avant, pendant et après le siège, par des raisons de parenté, que par des calculs de politique; car si l'on pouvait imaginer qu'à cette époque, l'intention du gouvernement était de sacrifier la Provence et Toulon, soit pour acheter la paix et consolider Philippe v sur le trône d'Espagne, soit en échange d'une autre province, soit pour tout autre motif d'intérêt dynastique ou d'arrangement de cabinet, il n'y aurait point de nom assez vil à accoler à une telle infamie.

En résumé, Toulon arrêta court l'invasion en Provence. Envain seize princes et trente généraux de la coalition, à la tête desquels il faut placer Victor-Amédée, duc de Savoie, et François de Savoie, célèbre sous le nom de prince Eugène, se réunirent et vinrent dresser leurs tentes sous les murs de cette place; envain ils employèrent à la réduire quarante mille soldats pourvus de munitions de toute espèce, et le concours d'une flotte de deux cents voiles, leur dessein échoua complètement. Après vingt-six jours de siège et à la suite d'une victoire mémorable remportée par les Toulonnais, « l'armée des alliés se retira avec une telle vîtesse, « qu'elle ne put être atteinte, et le stérile avan- « tage d'avoir brûlé quelques maisons avec les « bombes des Anglais, fut payé par la perte de qua-

« torze mille hommes que lui coûta cette infruc-
« tueuse tentative. »*

Gloire, gloire immortelle à la ville de Toulon !
Honneur à la mémoire de ses habitans en 1707 !

---

* Histoire de France (Anquetil).

CHRONIQUE

DE LA CAMPAGNE

du duc de Savoie en Provence.

CHRONIQUE.

LE COMMANDANT DES ÎLES STE-MARGUERITE.

Le 15 juillet, les ennemis étoient campés à Cagnes, petite place située au bord de la mer, sous le canon des îles Ste-Marguerite, commandées alors par M. de la Mothe-Guérin. Ce commandant n'avoit pour toute garnison que quatre compagnies détachées dont les soldats furent obligés de remplir l'office de canonniers. Ils s'en acquittèrent si bien et avec tant de succès que les ennemis, qui vouloient faire une extrême diligence, se trouvèrent foudroyés par une pluie continuelle de boulets, ce qui les contraignit à faire halte. Le duc de Savoie envoya dire à M. de la Mothe-Guérin qu'il eût à cesser sur l'heure le feu de son canon sous peine de n'avoir aucun quartier, ni lui, ni sa garnison. A quoi le commandant françois répondit : « Le premier qui « aura l'audace désormais de venir avec une semblable commis-« sion et d'approcher seulement de l'île, je le fais pendre sur-« le-champ. » Et il continua le feu.

Alors le duc de Savoie fit approcher l'armée navale; ce que voyant, M. de la Mothe-Guérin mit de nouvelles pièces en batterie et redoubla son canon sur l'armée de terre, afin de faire croire que sa garnison étoit nombreuse et qu'elle n'appréhendoit rien.

Ce moyen réussit au mieux. La flotte resta dans l'inaction, et les princes allemands, furieux, firent afficher partout un placard ainsi conçu :

« Au nom de l'empereur, défense est faite, sous peine de « la vie et du feu, d'avoir aucun commerce avec la garnison « des îles Ste-Marguerite. »

M. de Savoie fit ajouter :

« Tous ceux qui exécuteront ponctuellement ces ordres, se-« ront déchargés de la capitation, des tailles, des droits établis « sur le sel et le tabac et des autres impôts. »

Plus tard, à la Valette, quelqu'un vint à parler au duc de Savoie de M de la Mothe-Guérin : « C'est sous le feu des îles « Ste-Marguerite, répondit ce prince, que j'ai mieux connu « qu'en aucun autre lieu que j'étois en pays ennemi. »

(Relation du siège de Toulon par M. Devir novembre 1707.)

LA PARTIE DE CHASSE DES GARDES DE LA MARINE.

Le 25 juillet, pendant que le duc de Savoie étoit encore à Pignans, une centaine de houzards du comte de Braner, poussèrent jusqu'au village de Cuers, le pillèrent, le saccagèrent et s'y établirent. M. Schéridan, garde de la marine, qui avait des communications fréquentes avec le pays, ayant appris cela, assembla une vingtaine de ses camarades tous grands chasseurs, et leur proposa d'aller, en partie, chasser aux houzards Allemands; sitôt dit, sitôt fait. Arrivés à Cuers, M. Schéridan se rendit seul chez le Consul pour avoir des nouvelles des pillards. Celui-ci croyant d'être perdu, s'il les découvroit, assura qu'il n'en avoit aucune; mais le garde marine lui ayant mis le pistolet sur la gorge, force fut au Consul d'avouer où ils étoient. Aussitôt le jeune marin rejoignit ses camarades, et ils coururent tous au lieu indiqué. Là ils trouvèrent en effet les houzards qui ne s'attendoient à rien, les attaquèrent vivement, en tuèrent trente-huit, en blessèrent cinq qu'ils firent prisonniers, chassèrent le reste du village et s'emparèrent d'une trentaine de chevaux. M. le Commandeur de Beaujeu, capitaine des gardes de la marine, avoit eu connaissance de cette partie de chasse d'un nouveau genre et qu'à coup sûr il n'eut jamais permise. Il étoit fort inquiet sur le sort de ces jeunes gens qu'il appeloit des fous et des imprudens, quand il les vit revenir tous les vingt. Il n'eut pas même la peine de leur demander s'ils avoient fait bonne chasse : ils étoient partis à pied et revenoient à cheval amenant cinq prisonniers.

(Lettre de M. de Metz, colonel du Vexin, au général Medavi, 1er août 1707.)

VENGEANCE DU PRINCE EUGÈNE.

Les consuls du Revest se voyant chaque jour en proie aux détachemens des ennemis, demandèrent une sauvegarde qui leur fut accordée par le prince Eugène, moyennant quinze livres par jour; mais un parti françois étant venu dans ce village et n'ayant pas trouvé cette sauvegarde établie dans les formes, il l'enleva; ce qui étant venu à la connaissance de ce prince, il alla au Revest, d'où il dépêcha un trompette à Toulon pour se plaindre de cet événement. Les généraux françois répondirent que cette sauvegarde avait dû être enlevée parce qu'elle n'était pas bien établie. Cette réponse ayant piqué le prince Eugène, il fit sur-le-champ mettre le feu au village, sans avoir égard aux lois de la guerre.

(Relation de M. Devize.)

PETIT COMMERCE DU DUC DE SAVOIE.

Le duc de Savoie, qui se souvenoit que l'empereur Vespasien a dit : *Le gain est toujours bon de quelque part qu'il vienne*, faisoit vendre chèrement à la Valette le vin qui appartenoit au fermier de la dîme du prieur de ce lieu et tout celui qui s'étoit trouvé dans les caves des particuliers. Il faisoit aussi vendre chèrement les huiles que les paysans avoient été contraints de lui abandonner.

(Relation de M. Devize.)

LE RIGAUDON.

M. de Ramatuelle, capitaine-général de la côte, dînoit chez moi le 22 juillet avec trois de ses amis, lorsqu'on vint m'avertir que deux brigantins et deux chaloupes se détachoient de la flotte des alliés et venoient au cap de Bénat; aussitôt nous nous levâmes de table, nous prîmes les armes et nous sortîmes au nombre de 30. J'ordonnai qu'on laissât les ennemis mettre pied à terre, et ayant assemblé mon monde, je voulus les voir de près. Je dis à mon fils cadet, qui battoit bien le tambour, de le prendre, et au lieu de la marche, je lui fis battre un rigaudon. Toute notre troupe fut charmée et poussa un grand cri de joie. Nous nous avançâmes vers mon vignoble, par où il falloit que les ennemis passassent pour arriver jusqu'à nous; nous les vîmes bientôt paroître soixante; mais à peine nous eurent-ils aperçus et entendu le rigaudon, qu'ils demeurèrent si déconcertés, qu'ils prirent la fuite. Nous les poursuivîmes et leur fîmes deux décharges qui en blessèrent quelques-uns. Nous rîmes beaucoup, le soir, de la victoire remportée sur les troupes du duc de Savoie par un...... rigaudon.

(Lettres de M. de Bénat sur le siège
de Toulon. 1707.)

MOYEN DE SE PROCURER DE L'ARGENT.

M. Lebret voyant que les choses pressoient extraordinairement et que les fonds de la cour ne pouvoient assez tôt arriver, s'avisa d'envoyer prier quatre personnes des plus accréditées de la ville de Marseille de le venir trouver. Il leur représenta, après qu'elles se furent rendues chez lui, l'état violent où se trouvoit la Provence et sa perte inévitable, faute d'argent. Ces MM. répondirent qu'ils voyoient bien le danger, mais qu'ils n'en avoient point et qu'il ne seroit pas possible d'en trouver dans la conjoncture présente parce que chacun songeoit à ses propres affaires, et que, ne pouvant deviner les suites qu'aurait l'entreprise de M. de Savoie on ne savait en qu'elle situation on pourroit se trouver. L'intendant convint de leurs raisons, il les approuva et leur dit qu'il ne leur demandoit point d'argent, ni même qu'ils en empruntassent, mais que chacun d'eux lui donnât un billet de mille écus, payable au porteur, au mois de mars prochain, et qu'il leur en donneroit sa reconnaissance portant promesse de les en acquitter. Ces messieurs y ayant agréablement consenti et ayant fait leurs billets, il les pria d'une autre chose qui fut de publier ce qu'ils venoient de faire : ils voulurent s'en excuser ; mais en ayant été pressés par l'intendant, ils s'en vantèrent enfin comme pour s'en faire un mérite particulier. Le bruit ne s'en fut pas plutôt répandu dans la ville, que d'autres voulant les imiter, allèrent faire de semblables offres à cet intendant ; il les reçut très gracieusement, et il loua beaucoup leur zèle, disant qu'ils méritoient d'être connus de sa Majesté et de toute la Province, ce qui rendit la chose si publique que les échevins et beaucoup d'autres, à leur exemple, voulurent avoir part à la gloire d'avoir aidé la patrie : de sorte, qu'en moins de deux ou trois jours, M. Lebret se fit cent trente à quarante mille écus en billets tous payables aux porteurs, de tout ce qu'il y a de personnes les plus accréditées dans la ville. Comme ces billets ne paroissoient d'aucun secours, chacun cherchoit à deviner comment M. Lebret en pourroit faire de l'argent; il s'y trouvoit en effet beaucoup de difficultés; le peu de temps, l'ennemi aux portes de la ville, et l'incertitude de ses progrès et de ce que l'on deviendroit, rendant la chose très difficile; mais M. Lebret avoit bien prévu cet obstacle et savoit tout ce qu'il devoit faire. Quelques marchands de la même ville de Marseille avoient des piastres et il les pria de les lui vendre; il se trouvoit quelques difficultés d'abord, causées par la crainte qu'ils eurent que leur argent ne leur fut pas sitôt rendu ; mais leur ayant fait voir les billets dont il étoit porteur et qu'il avoit à leur donner en paiement, leurs traités furent bientôt conclus, au moyen de son obligation particulière qu'il leur donna en surabondance de faire acquitter chaque billet à son échéance. Il eut donc par ce moyen cent trente à quarante mille piastres qu'il porta aussitôt à la monnoie du roi à Aix, et qu'il fit fondre pour en faire des pièces de dix sols. Ce coup de prévoyance et de prudence a fait en partie le salut de la province.

(Archives de l'intendance de la province.)

LES PAYSANS PROVENÇAUX.

Le Colonel Pfeffervom fut détaché, au commencement d'août, avec 200 chevaux pour aller chercher des fourrages dans les montagnes qu'il trouva garnies de milices qui tirèrent sur lui; il ne laissa pas cependant d'enlever une assez grande quantité d'herbes; mais à son retour, il trouva tous les paysans du pays debout et en armes, fesant un feu roulant sur ses cavaliers, ce qui l'obligea d'abandonner tout son fourrage et de revenir au camp. Le duc de Savoie, chagrin de ce mauvais succès, détacha le colonel St-Amour avec 400 fantassins et 200 chevaux avec ordre d'exhorter les paysans provençaux à quitter les armes et à rentrer chez eux, à quoi ceux-ci répondirent par des coups de fusil.

(Relation de M. Devize.)

UN CONTRE TRENTE.

Cent cinquante houzards de Brandebourg étant venus au village de Méounes, cinq paysans seulement qui s'y étoient retranchés, soutinrent leurs efforts avec une vigueur extraordinaire; ils en tuèrent huit et forcèrent les autres à se retirer;

mais ces houzards, outrés d'avoir été repoussés et même battus par un si petit nombre, revinrent en plus grande quantité, et n'ayant plus trouvé les cinq paysans, ils mirent le feu au village.

(Relation de M. Devize.)

UNE PAGE D'UN VIEUX REGISTRE.

Au nom de Nostre Seigneur Jésus-Christ, amen. L'an de son incarnation mil sept cent sept et le vingt-troisième jour du mois de juillet, nostre saint évêque, au siège épiscopal de Toulon, monseigneur Louis-Armand Bonnin de Chalucet, s'est rendu à l'assemblée des habitans notables de ladite communauté, séant à la maison de ville, et a déposé entre les mains des consuls mille cinq cents livres tournois pour, lesquelles, subvenir aux besoins de la mauvaise circonstance, causée par l'entrée en Provence de son altesse royale monseigneur le duc de Savoie, à qui Dieu pardonne.

(Corporations et communautés religieuses.
Archives du département.)

RÉPONSE D'UN CAPITAINE DE FRÉGATE.

M. de Grenonville, capitaine de frégate, commandant le château de Ste-Marguerite, ayant été sommé de rendre la place, fit cette belle réponse : « Tant que j'aurai des munitions de « guerre et de bouche, toute sommation est inutile. Quand je « n'en aurai plus, c'est-à-dire dans deux ou trois mois, je ré- « fléchirai au parti que j'aurai à prendre. »

(Notes du chevalier Bernard, officier d'ordonnance du gouverneur. Manuscrit de 1707.)

INTRÉPIDITÉ ET DÉSINTÉRESSEMENT DE DEUX GRENADIERS FRANÇAIS.

Le 6 août le général Goesbriant dit au camp qu'il donnerait volontiers dix louis d'or pour découvrir ce que les ennemis avoient fait au canal de l'Eygontier. Deux grenadiers françois, l'un nommé Chamart du premier de Mirabeau, l'autre Esselier du bataillon de Bassigny se présentèrent au général et offrirent d'aller reconnoître ce canal. Ils partirent tous deux du bastion des Minimes, et, lorsqu'ils eurent atteint la chaussée, l'un d'eux monta dessus avec beaucoup d'intrépidité et, après avoir tout examiné, il céda la place à son camarade qui en fit autant. Bientôt on les vit revenir sur leurs pas au milieu d'une grêle de coups de mousquets dont heureusement ils ne furent point blessés; ils rapportèrent au général qu'il n'y avoit encore ni canons, ni mortiers au canal de l'Eygoutier, mais seulement une garde avancée. Le Maréchal et le comte de Grignan étant arrivés sur ces entrefaites, voulurent doubler la récompense promise, mais Chamart et Esselier la refusèrent, alléguant que l'hôpital militaire étoit pauvre, et qu'elle seroit mieux là qu'entre leurs mains.

(Notes du Chevalier Bernard.)

CONDUITE DE L'ÉVÊQUE DE FRÉJUS.

Le major de Falkensten arriva à Fréjus avec deux cents cavaliers, précédant l'armée ennemie. L'évêque montra devant lui une fermeté égale à sa charité pastorale. Après lui avoir dit qu'il le rendoit responsable devant M. de Savoie de la moindre dévastation qui seroit faite par ses soldats, il alla dans toutes les rues assurer ses diocésains que non seulement il ne les abandonneroit pas; mais que toute sa vaisselle et tout ce qu'il possédoit ne seroit employé que pour leur soulagement. Le digne prélat a tenu parole.

(*Relation de M. Devize.*)

LES HABITANS DU VAL.

Au Val, petit village près de Brignoles, les paysans attaquèrent et défirent un gros parti d'Allemands et de Piémontois. Sur quoi, le général Medavi, qui commandoit dans cette partie de la province, écrivit au maréchal de Tessé à la date du 14 août : « Les Provençaux sont de braves gens. Je suis « certain, en voyant la résolution de tous, que, non seu- « lement le duc de Savoie échouera dans son entreprise, mais « qu'il souffrira beaucoup dans sa retraite. »

(Notes du chevalier Bernard.)

COMBAT DE CHALOUPES.

Le 5 août, un brigantin françois mit à la voile pour porter de l'eau au château Ste-Marguerite qui n'en avoit plus que pour un jour. Il étoit escorté par quelques chaloupes armées. A la hauteur du Cap-Brun une trentaine de chaloupes ennemies les attendoient. Le combat s'engagea à portée de la rame; nos marins, quoique très inférieurs en nombre, firent des prodiges et forcèrent le passage : un vaisseau anglois, monté par le commandant de l'escadre bleue, s'étant avancé pour soutenir sa flotille à moitié désemparée, fut entièrement démâté par le canon du fort et contraint de s'éloigner. On doit dire que l'intrépidité des marins françois, dont j'aurai occasion de citer d'autres exemples, ne s'est pas un instant démentie, pendant toute la durée du siège.

(Notes du Chevalier Bernard.)

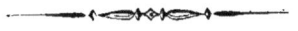

MM. DE BELLISSIME ET GARIDEL.

Les ennemis, après avoir passé le Var, campèrent à St-Laurent, qu'ils pillèrent et brûlèrent en entier ; ils en firent autant à Cagnes et à Villeneuve. MM. de Bellissime et Garidel, prieurs de ces deux villages, s'étant mis à la tête des paysans, firent une vigoureuse résistance ; mais, ayant succombé, ils furent dépouillés et horriblement maltraités, après quoi on pilla leurs églises, on brûla les images, on tira des coups de fusil au Christ et on prit les vases sacrés.

(Relation de M. Devize.)

TELLE RÉPONSE DE M. LE BARON DE CHATEAUNEUF.

Le baron de Châteauneuf, député de la ville de Grasse, vint à Fréjus au quartier-général des alliés. Le duc de Savoie le reçut fort bien et lui adressa, avant de le congédier, cette question : « Y a-t-il dans le pays beaucoup de gentishom-
« mes de mon parti ? »

— « Point, répondit M. de Chateauneuf. »

— « Comment, aucun, répliqua M. de Savoie, je sais
« pourtant que la noblesse n'est pas contente et je ne doute
« pas qu'elle ne soit bien aise de me voir arriver en Provence;
« elle et le peuple sont surchargés d'impôts, et cela seul doit
« leur faire souhaiter le changement. » A quoi M. le baron de Châteauneuf répondit : « Prince, en Provence, dans la mau-
« vaise circonstance où nous sommes, nous nous souvenons
« encore de deux choses; fidélité au Roi, amour à la patrie. La
« cause des impôts et l'usage qu'on en fait en ôtent toute l'a-
« mertume, et s'il faut un jour donner tout notre bien, toute
« notre existence, nous les donnerons sans hésiter.

(Relation publiée à Turin, en 1708.)

LES ENNEMIS A HYÈRES.

Le 25 juillet l'armée navale mit à terre 600 hommes qui vinrent jusques sous les murs d'Hyères. Les portes de la ville étoient soigneusement fermées. On eut dit, en vérité, que les habitans avoient la résolution d'opposer une résistance qui, à parler franchement, n'était guère possible. Cependant, l'ennemi étoit là; il falloit prendre un parti, on tint conseil et il fut décidé d'une voix unanime que par derrière la sarrazine, on lui demanderoit ce qu'il vouloit. La chose ayant été exécutée et le commandant anglois ayant répondu qu'il venoit sommer la ville, on s'assembla de nouveau et on résolut, toujours à l'unanimité, de s'opposer vivement à ce que les portes fussent plus longtemps... fermées. En effet, on les ouvrit sur le champ et un Irlandois, major-général de l'armée navale prit possession de la ville en qualité de gouverneur.

(Livre de raison de M. Jean Clapier.)

Maîtres d'Hyères, les ennemis firent une descente à l'île de Porte-Cros d'où ils furent repoussés. Ils furent plus heureux à Porquerolles dont ils s'emparèrent sans coup férir ainsi que des trois forts qui sont dans cette île, lesquels n'avoient d'autres défenseurs qu'une quinzaine de paysans qui furent enfermés et gardés à vue pendant tout le temps que les Anglois y restèrent.

(Journal du siège de Toulon par M. Vialis, officier du génie.)

Après l'occupation d'Hyères, les soldats du duc de Savoie se dispersèrent dans la campagne qu'ils ravagèrent. Ils accoururent à Broumettes, château près des Salins, appartenant aux Chartreux, dont ils répandirent les vins et les huiles qui y étoient en grande quantité et emportèrent les futailles de même que les portes et les fenêtres, et ils mirent ensuite le feu au château et aux granges dans lesquelles il y avoit beaucoup de grains.

Ils en agirent à peu près ainsi partout, et pourtant le duc de Savoie avoit fait publier en arrivant qu'il venoit comme ami et non comme ennemi, que ceux qui demeureroient dans leurs maisons ne seroient point inquiétés et qu'on ne leur feroit aucun tort. Pour donner une idée de l'amitié *des ennemis*, il suffit de dire qu'en entrant au château de M. Boucony, ils commencèrent par lui enlever ses meubles, son argent et tout ce qu'ils purent emporter.

(Lettres de M. de Bénat.)

Dans les premiers jours d'août, le duc de Savoie fit couper les bois depuis les Maures jusqu'à Cogolin et fit vendre le sel depuis son camp jusqu'à Nice, à six liards la livre.

(Relation de M. Devize.)

Les ennemis ont fait construire vingt-quatre fours dans la ville d'Hyères ou en dehors, comme au jardin du Roi et à celui du sieur Desparron, et il a fallu dépaver toutes les maisons pour avoir de la brique. Nous en vîmes à bout, graces à Dieu, et cela fini, ils nous accabloient d'ordres avec menace si nous ne les exécutions, de nous brûler après nous avoir saccagés. Nous étions dans un mouvement terrible et une alarme continuelle. Nous avions fait plus que nous ne pouvions pour les contenter; et ce n'étoit pas peu de chose que de fournir à une armée aussi considérable, pendant l'espace de vingt-huit jours, tout ce qui lui étoit nécessaire, car les autres lieux comme Solliès, Cuers, le Puget, Pignans, la Valette et la Garde avoient été saccagés et mis hors d'état de leur rien fournir.

Après avoir donné des objets de toute espèce dont le tout se montoit à vingt mille livres, les habitans de la ville furent taxés à une contribution de trente mille livres argent, sous prétexte que le sieur A**, maire et les consuls n'avoient pas fait à l'égard de l'intendant des contributions, tout ce qu'ils devoient faire. Cette taxe étoit exhorbitante, au point surtout où nous étions réduits; cependant nous nous mimes en état six ou sept qui avions le plus travaillé, d'y satisfaire. Le Sr Amédée

Vialis, le Sr Laurens, le Ss Louis Dellor, le Sr Louis Cauvet et moi, nous trouvâmes l'argent démandé et nous l'envoyâmes par les sieurs Couture et Lange Rey, mais sur la somme ayant manqué deux mille livres, ils menèrent en ôtage le dit sieur Conture et retinrent le sieur Raynaud qui se trouvoit pour lors à la Valette; le soir que nous eûmes connaissance de cet événement, nous commençâmes à courir encore toute la ville pour trouver la partie qui manquoit, nous fîmes des menaces et violences comme nous avions fait les autres jours et nous trouvâmes enfin la somme que nous envoyâmes par le fils et le frère du dit Raynaud. Les ennemis prirent l'argent; mais ils ne voulurent pas lâcher les otages sous le nouveau prétexte qu'ils avoient laissé dans la ville des blés et des farines que M. A**, maire, n'avoit pas fait porter à la marine et dont il leur falloit le payement, pour rendre les prisonniers. Il arriva heureusement qu'un sous délégué de l'intendant qui avoit logé chez le sieur Conture, les fit évader : car nous aurions eu bien de la peine à satisfaire à cette nouvelle exigence.

(Extrait du livre de raison de M. Jean Clapier.)

LES CHAISES ROULANTES.

Nous vîmes arriver à Toulon, au mois de juillet, toute une compagnie de mineurs dans des chaises roulantes. Ce fut le Comte de Grignan qui les fit marcher d'Aix à notre ville dans cet équipage, parce qu'ils étoient très fatigués et qu'ils pouvoient dormir et se reposer dans ces chaises sans cesser de continuer leur voyage ; on peut juger par cet échantillon de ses autres soins et combien ils ont servi à sauver la Provence.

(Journal du siège de Toulon par Henri Ferand, second consul, en 1707.)

(Manuscrit des archives.)

LE VICAIRE DU CANNET.

Partout où l'armée des alliés passa, elle commit d'horribles désordres. Au village du Cannet, à une demi-lieue de Cagnes, le vicaire de la paroisse, M. Ardisson, outré de la cruauté des Allemands qui assassinoient les habitans, après avoir pillé et brûlé leurs maisons, ramassa quelques paysans, se mit à leur tête et se jeta avec une rare intrépidité sur les soldats ennemis. Ceux-ci repoussés dans cette vive attaque, revinrent bientôt en plus grand nombre. Le brave vicaire les reçut avec vigueur sur la place de l'église où il s'étoit placé en bataille, mais accablé de toutes parts, il ne put que montrer à ses paroissiens que lui aussi savoit mourir pour la défense de la patrie, car, s'étant élancé sur les ennemis, il tomba criblé de blessures. Un colonel piémontois, envoyé par le duc de Savoie pour arrêter ces ravages, fut tué par les Allemands eux-mêmes. Son cadavre fut trouvé à côté de celui du malheureux Ardisson.

(Notes du chevalier Bernard.)

UN LIEUTENANT DE FRÉGATE.

Le 8 août le fort St-Louis étoit vivement pressé par les ennemis. Le donjon ne tenoit presque plus. On passoit toutes les nuits à le mettre en état de résister encore le lendemain. Cependant M. Daillon, capitaine au Vexin, qui le commandoit, continuoit de tenir ferme. M. de Cauvières de St-Philippe, lieutenant de frégate, qui y commandoit l'artillerie, ne se lassoit pas de faire jouer ses pièces, quoique sa batterie fut à demi-ruinée. Ce jeune homme, blessé grièvement le 6 par un éclat de pierre, avoit refusé d'être transféré à la Grosse-Tour malgré les instances de M. Daillon. Les canonniers étoient obligés de le soutenir à bras quand il vouloit parcourir la batterie. Le 9 un officier piémontois étant venu sommer le fort, M. de Cauvières dit à M. Daillon : « Commandant, il « n'y a qu'une réponse à lui faire, c'est que nous avons encore « de la poudre. »

(Notes du Chevalier Bernard.)

LES HABITANS DE SIGNES.

Le duc de Savoie ayant envoyé le 7 août un gros parti Piémontois pour occuper Signes, où il n'y avoit qu'une compagnie de grenadiers, les habitans de ce village coururent aux armes, reçurent les ennemis avec vigueur, les repoussèrent, blessèrent le major qui les commandoit, et le firent prisonnier avec plusieurs de ses soldats.

(Notes du chevalier Bernard.)

LE SURTOUT.

Le 12 août, le prince Eugène écrivit du château de Dardennes au maréchal de Tessé de vouloir bien lui envoyer un surtout de table dont il avoit besoin; à quoi, le maréchal répondit que ce surtout ne seroit pas prêt avant un mois, et qu'il voulût bien lui indiquer le lieu où il pourroit le lui faire tenir. Le prince Eugène, dans une nouvelle lettre, fit cette réponse : « Les hommes forment des projets que la providence n'approuve pas toujours. Je ne puis dire à M. le comte de Tessé où je serai dans un mois et je le prie, dans tous les cas, de m'envoyer le surtout que je lui ai demandé, à Turin. »

(Notes du chevalier Bernard.)

SINGULIÈRE PUBLICATION.

Etant un jour allé à Bormes, je ne pus m'empêcher de rire, ayant tout à coup entendu le valet de ville qui, après avoir sonné trois fois de la trompette, cria en provençal : « Il est « ordonné à tous les muletiers de ce lieu, de la part de son « altesse royale monseigneur le duc de Savoie, notre seigneur « et maître, à qui Dieu donne longue et heureuse vie, de se « rendre demain à la place pour porter de la farine au camp, « sous peine de punition corporelle. » M'étant informé d'où venoit cette nouveauté, les consuls me dirent que c'étoit la formule que M. de Fontana, intendant de S. A. R., leur avoit donnée à Hyères. C'est là un des principaux actes de souveraineté que M. de Savoie a fait dans cette province.

(Lettres de M. de Béuat.)

CONDUITE DES HABITANS D'AIX.

Dès que l'armée des Alliés eut passé le Var et envahi la Provence, M. Desparron, maire, premier consul d'Aix, fit murer toutes les portes de la ville à l'exception de trois, auxquelles aussi bien qu'à la maison commune, il établit des corps de garde pour les habitans qui avoient spontanément pris les armes, les compagnies bourgeoises furent organisées en peu de jours. Les personnes de qualité, les présidens à mortier, ceux de la cour des comptes et cour des aides du pays, et les gentilshommes se firent tous un devoir d'en faire partie, montèrent régulièrement la garde, et donnèrent ainsi le bon exemple dans une circonstance où il s'agissoit de défendre la Province contre l'ennemi.

(Notes du chevalier Bernard.)

CONDUITE DES HABITANS DE MARSEILLE.

Les habitans de Marseille, dans le but d'une commune défense, avoient formé un corps de neuf mille sept cents hommes ; ils étoient séparés en compagnies de vingt-cinq hommes chacune, commandées par les marchands les plus aguerris. On avoit aussi formé dans la même ville quatre compagnies de mousquetaires composées de jeunes gens de famille non mariés. Ces jeunes gens étoient commandés par M. de Forvile, gouverneur de la ville. Il y avoit aussi une compagnie de six vingts cavaliers, tous gens de service, et dont la plupart avoient porté les armes pendant neuf ou dix années ; M. de Lobet en étoit capitaine, il y avoit outre cela six mille paysans armés aux environs de Marseille ; on avoit préparé deux cent cinquante lits pour les blessés ou malades du camp de Toulon ; et comme les lits étaient fournis par les habitants, on peut dire qu'ils ont contribué de plus d'une manière à tout ce qui a servi à chasser les ennemis de la Provence, et qu'en ouvrant leurs bourses, en fournissant une foule d'objets utiles, ils avoient aussi résolu de répandre leur sang.

(Relation de M. Devize.)

HOMMAGE A M. DE LANGERON, COMMANDANT DE LA MARINE.

Pendant le bombardement, le comte de Langeron, commandant de la marine, ne quitta pas l'arsenal d'une minute. Il avoit près de lui MM. de Beaucaire et de Norey, capitaines de vaisseau, M. de Laubepin, capitaine de galères et M. Camilly, major. Des chaloupes équipées avec des ouvriers charpentiers et matelots nécessaires, étoient prêtes à porter secours en cas d'incendie. Jamais on ne montra plus de courage et de sang-froid. Je dois ajouter, à la gloire de cet officier-général, une chose qui n'a pas peu contribué au succès de la journée du 15 août. Il avoit eu la prévoyance de faire construire six traineaux sur chacun desquels il fit placer une pièce de 6. Quand l'affaire fut engagée sur les hauteurs, et au moment même où l'absence de l'artillerie se fesoit sentir, ces traineaux arrivèrent et servirent admirablement à la décider.

(Notes du chevalier Bernard.)

UNE BOMBE.

L'évêque de Toulon ne chercha pas à éviter les bombes en se logeant dans un souterrain. Il resta dans son palais et travailla avec beaucoup de soin et d'application à faire mettre tous les pauvres en sureté.

Pendant que les bombes ravageoient la ville, il en tomba une dans l'antichambre qui fit ouvrir la porte de la chambre où il étoit couché, et dont les éclats brisèrent la colonne de son lit. Ce prélat s'étant éveillé au bruit et sentant que sa maison chancelait, se couvrit à la hâte de sa robe de soie, et se retira dans l'église pour remercier Dieu de lui avoir conservé la vie.

(Extrait d'une lettre de l'abbé Viany, prieur de St-Jean d'Aix et de l'ordre de Malte.)

BRAVOURE DES PAYSANS D'AURIBEAU.

Les paysans du village d'Auribeau qui, en cotoyant les bois, avoient tué aux ennemis deux à trois cents hommes, furent acculés dans leur village par trois mille Allemands et Piémontois. Le vicaire du lieu se mit bravement à la tête de ses paroissiens et fi fermer les portes. Les paysans d'Auribeau tinrent ferme et répondirent à grands coups de fusils à ceux qui les sommoient de se rendre. Après quelques heures de combat, les ennemis furieux de tant de résistance, dirent aux habitans, que puisqu'ils étoient si braves, ils devroient sortir « de leur village. « Oh! bien ! répondirent les paysans, si « la partie n'étoit que double, vous ne la gagneriez pas, et « vous payeriez cher la proposition que vous faites. » Après quoi, de guerre lasse contre cette poignée de villageois, Allemands et Piémontais, prirent le parti de se retirer.

(Notes du chevalier Bernard.)

LE BASTION SAINT-BERNARD ET LES OFFICIERS DE LA MARINE.

Le 7 août, au matin, le général St-Paters et M. de Lozières, ingénieur, ayant été reconnoître les positions de l'ennemi, dirent à leur retour qu'ils jugeoient que l'intention du duc de Savoie étoit d'attaquer le bastion St-Bernard. Aussitôt, tous les officiers de la marine qui servoient aux autres bastions et aux courtines, réclamèrent eu masse et demandèrent à servir alternativement au bastion St-Bernard ; ce qui leur fut accordé.

(Relation de M. Devize.)

CHARITÉ DE L'ÉVÊQUE DE TOULON.

L'évêque de Toulon, pénétré de cette maxime qu'un bon pasteur donne sa vie pour son troupeau, n'hésita point sur le parti qu'il avoit à prendre pendant le siège; son zèle se trouvant parfaitement d'accord avec son courage, il crut devoir, par son exemple, soutenir les habitans qui le regardoient comme leur père, et qu'il regardoit comme ses enfans, fournir aux besoins des pauvres de la Miséricorde, dont il se chargea lui seul, et attendre l'événement de ce siège pour obtenir du duc de Savoie des conditions raisonnables pour la ville, en cas qu'elle fût obligée de capituler.

Ce prélat fut d'autant plus louable dans cette conjoncture, que s'étant présentés à lui plusieurs ecclésiastiques de son diocèse pour lui demander la permission de se retirer des lieux de leur résidence, il la leur accorda; et la raison qu'il en donnoit, c'est qu'on ne guérit pas de la peur.

(Journal de M. Ferand, 2ᵉ consul de Toulon en 1707.)

LES SOLDATS FRANÇAIS.

Le maréchal ayant voulu faire reposer ses troupes à Aix parce qu'il les trouvoit trop fatiguées, les soldats crièrent *à Toulon, à Toulon; allons à Toulon.* On lit dans une lettre du maréchal à la cour : « j'ai trouvé tant d'ardeur dans les « troupes que j'arriveroi à Toulon deux jours plutôt que je « n'aurois cru.

(Relation de M. Devize.)

SINGULIÈRE MANIÈRE DE FAIRE LA GUERRE.

Le maréchal de Tessé envoyoit tous les jours de Toulon quatre charges de glace à la Valette pour les généraux des armées alliées. Les esprits bien faits et les personnes qui ont toujours donné leur attention à ce qui s'est de tout temps pratiqué parmi les hommes qui ont commandé des armées, et même parmi les simples généraux, ne doivent pas être surpris de ces manières, puisqu'il y a une infinité d'exemples des honnêtetés et des présens que les généraux se font entr'eux dans les temps qu'ils cherchent avec la plus vive ardeur d'engager le combat. Rien n'est plus honnête que le procédé que le maréchal de Villars a tenu pendant la dernière campagne envers les généraux ennemis et, cependant, il ne leur donnoit point de relâche ; il leur faisoit tous les jours sentir des effets de sa valeur. On peut dire à cette occasion que le maréchal de Tessé a fait de même, et l'on peut ajouter qu'il ne nous a rien promis qu'il ne nous ait tenu. Outre le soin de nous envoyer tous les jours de la glace pour notre table par la chaleur étouffante qu'il faisoit, il nous a fourni bien d'autres choses, ce qui ne l'empêchoit pas de prendre toutes les précautions nécessaires, suivant le besoin, et que doit prendre un brave capitaine.

(Relation publiée à Turin en 1708.)

EFFET DE BOMBE SURPRENANT.[*]

Depuis l'invention des bombes, on n'en a point vu d'effet si surprenant que celui qui arriva à la rue des Arbres, à la porte du nommé Gensolen, chapelier : comme on couroit risque d'être accablé dans les maisons lors du bombardement, on prenoit le parti de se tenir dans les places ou dans les rues larges pour voir venir les bombes et s'en garantir ; ceux qui les découvroient les premiers, avertissoient les autres.

Un soir, vers minuit, un garçon chaudronnier étant de garde, avertit qu'il y avoit trois bombes en l'air. Il y avoit alors dans la rue une femme nommée Gerbaude qui vendoit ordinairement des quincailles. Elle étoit à la porte de ce chapelier, lorsqu'une bombe venant à y tomber, l'y surprit, enfonça et, se relevant, l'emporta jusqu'au toit d'une maison de l'autre côté, vis-à-vis, et qui appartient à la demoiselle Garnier. Le mari de cette Gerbaude se mit en devoir de la chercher : mais ne la trouvant nulle part, il s'avisa de fouiller avec son pied dans l'enfoncement que la bombe avoit fait, croyant qu'en remuant la terre, il y pourroit trouver le corps de sa femme, mais il fut bientôt désabusé, ce qui le porta à courir d'un côté et d'autre pour voir ce qu'elle étoit devenue.

Le jour ayant paru, le chapelier aperçut un reste de jupe sous l'entablement du toit de la maison de la demoiselle Garnier, où on remarquera qu'il y avoit quatre étages, et que la

(* On doit remarquer ici que ce fait est raconté, par M. Ferand, 2me consul en 1707, c'est-à-dire par un personnage grave et digne de foi.)

rue a huit toises de large. Ce reste de jupe fit croire à cet homme que le corps de sa Gerbaude pourroit bien être sur le toit et, quoique le canon tirât alors, il y monta et vit en effet le corps de sa femme assez près du bord ; il s'avança pour le retirer, le saisit par un bras et le poussa vers la porte par où il étoit entré sur le toit; mais, comme ce corps étoit à demi découvert, n'ayant qu'un reste de chemise, il ferma la porte après lui et descendit pour aller prendre une chemise de laquelle il le couvrit, et le fit porter à la paroisse pour l'enterrer.

Pour ce qui regarde l'état où la bombe mit cette femme, le chapelier qui l'avoit bien observée, affirme qu'elle avoit le bas des cuisses meurtri et fracassé, quoiqu'elles tinssent pourtant encore aux genoux, et qu'elle étoit blessée au bas-ventre, mais qu'elle ne l'étoit point au dessus de la ceinture. Les chairs étoient blanches et son visage nullement gâté. Une partie de son tablier s'attacha à un arbre qui est devant la maison de ce chapelier où on l'a vu plus de deux mois après. Le même chapelier trouva, à quelques pas de là, un écu qui étoit tombé de la poche de cette femme et il remarqua qu'il étoit tout bossu. Un soldat de la marine trouva aussi un écu qui étoit de même et pour lequel la fille de cette femme porta sa plainte au sieur Ferand, consul, contre ce soldat qui convint d'avoir trouvé l'écu, mais dit ne l'avoir plus et fut perdu pour cette fille. C'est le sujet de cette plainte qui donna occasion à ce consul de s'informer exactement de tout ce qui a accompagné l'effet extraordinaire de cette bombe et de l'insérer dans le journal du siège.

Pour ce qui est de la manière dont le corps de la femme Gerbaude a été poussé si haut, il est bien difficile de l'expliquer. On laisse ce soin aux curieux ; on se contente de rapporter ici le fait tel qu'il est. L'utilité qu'on peut tirer de cet accident, c'est de se mettre du même côté d'où viennent les bombes. C'est ce que ne fit pas cette femme; il est vrai qu'il y a du danger de quelque côté qu'on se trouve, mais il y en a moins de cette façon et c'est encore mieux de les voir venir.

(Journal du siège de Toulon par M. Ferand, 2me consul.)
Manuscrit de 1707.

LETTRE DE M. DE CHALUCET, ÉVÊQUE DE TOULON [*].

12 novembre 1707.

On ne peut, Monsieur, vous être plus obligé que je vous le suis, de la bonne opinion que vous avez de moi. Si vous n'en eussiez point fait part au public, je vous en aurois été bien plus redevable. On cherchera dans Toulon l'original dont vous avez fait un si beau portrait, le modèle excitera de la curiosité ; mais la perquisition ne me faira pas honneur. Le remerciment que je vous dois est de m'avoir appris ce que je devrois être. On ne peut donner des leçons avec plus d'esprit et d'habileté. Si j'avois le talent d'en profiter, je deviendrois un grand homme ; mais je ne dois point prétendre à cette élévation. Je la souhaiterois puisqu'elle me serviroit à vous marquer encore mieux que je ne fais, que je suis, Monsieur, votre etc.

† Signé CHALUCET.
(Relation de M. Devize.)

[*] Adressée à l'abbé Viany qui avait publié, à l'occasion du siège, un éloge du prélat en vers héroïques.

LES HABITANS DE SAINT-NAZAIRE.

Le 12 août, la flotte des alliés mit des hommes à terre à St-Nazaire pour faire de l'eau, ce qui étoit assez difficile, car on avoit comblé tous les puits. Il n'y avoit à ce village qu'un petit détachement; mais les habitans s'armèrent et donnèrent tout d'un coup sur eux avec tant de succès qu'ils mirent dix hommes sur le carreau et contraignirent le reste à se sauver dans les chaloupes. Peu de temps après la flotte tira quelques volées et remit à la voile.

(Relation de M. Devise.)

COMMENT LA VILLE DE GRASSE NE FUT PAS PILLÉE.

Le duc de Savoie et le prince Eugène, qui avoient promis de récompenser quelques régimens d'infanterie et de cavalerie en leur abandonnant la ville de Grasse, y songèrent pendant leur retraite; six à sept mille hommes furent envoyés dans cette ville pour la piller. En arrivant, ils en trouvèrent les portes fermées et les habitans sous les armes, bordant le rempart et résolus de se bien défendre, sçachant les violences que les troupes avoient faites partout où elles avoient passé. Quelques officiers s'approchèrent pour tenter si, par adresse, ils pourroient faire ouvrir les portes; mais ne l'ayant point obtenu, ils se mirent en état d'attaquer.

Comme la ville n'a pour toutes fortifications qu'une enceinte de murailles, elle crut devoir offrir de nouvelles contributions, et elle fit demander aux ennemis un mémoire de ce qu'ils souhaitoient, ajoutant qu'à l'égard de l'entrée de la ville, les hommes, les femmes et les enfans même perdroient plutôt mille vies, s'ils les avoient, que de l'accorder. A cela les alliés répondirent :

« Nous voulons 20,000 livres argent, 10,000 bouteilles de
« parfums de toute espèce, tout le vin et le pain dont nous
« avons besoin, et un couvent de religieuses à discrétion. »

Les habitans de Grasse répliquèrent qu'ils étoient prêts à s'ensevelir sous les murs de leur ville. Mais voici le coup de la providence : M. Ragonneau, commissaire des guerres au département d'Antibes, étoit allé à Aix chercher de l'argent pour payer sa garnison et revenoit avec 12,000 livres. Le grand chemin n'étant pas praticable, il gagna les montagnes; et, comme ce détour lui avoit fait perdre beaucoup de temps, il ne savoit plus ce qui se passoit. Arrivé à deux lieues de Grasse, il envoya un paysan aux consuls pour leur demander s'il pouvoit approcher avec sûreté. Ce paysan, qui arriva en même temps que les ennemis, fut remis dehors sur-le-champ avec ce billet:

« Il n'ya aucune sûreté ici pour vous; nous avons six à sept
« mille ennemis autour de nos murailles qui cherchent les
« moyens de nous piller. »

Le paysan fut rencontré par quatre dragons d'un détachement françois que le général de Sailly commandoit. La fatigue et la chaleur excessive qu'il faisoit les avoient obligé de s'arrêter au pont de Tournon, à une lieue et demie de Grasse. Le paysan ayant cherché à les éviter, leur parut suspect, et ils le conduisirent à leur général. Ce malheureux s'empressa, pour se justifier, de montrer à M. de Sailly le billet dont il étoit porteur. Aussitôt celui-ci fit monter en toute diligence ses troupes à cheval, et partit au grand galop pour venir au secours de Grasse. Les braves habitans de cette ville avoient déjà engagé le feu avec les troupes de l'armée des alliés, lorsque des signaux qui annonçoient l'approche des dragons françois, étant faits à ces troupes, elles se retirèrent aussitôt et avec tant de précipitation que beaucoup de soldats laissèrent leurs armes.

Le général de Sailly entra à Grasse au bruit des acclamations des bourgeois et du peuple en armes. On trouva, depuis la ville jusqu'au bas de la hauteur où elle est située, près de quatre cents fers à cheval, tant la rapidité avec laquelle les ennemis s'en étoient enretournés, avait été grande. Ainsi le courage de ses habitans, soutenu par un coup du hazard, empêcha la ville de Grasse, l'une des plus riches de la Provence, d'être pillée.

(Relation de M. Devize.)

DRAGUIGNAN ET LE CHEVALIER DE MIANE.

Le duc de Savoie envoya 2,000 hommes à Draguignan afin d'obliger la ville à payer les contributions auxquelles elle avoit été taxée. Ces troupes avoient ordre, faute de paiement, de tout brûler et saccager, même le pays des environs; mais, le chevalier de Miane ayant été averti de la marche des soldats ennemis et de l'ordre qu'ils avoient reçu, résolut d'empêcher l'exécution d'un dessein qui alloit ruiner entièrement la ville de Draguignan et son terroir. En conséquence, il divisa en pelotons cinquante dragons qu'il avoit, les mit en tête de cinq petites divisions formées des habitans et paysans draguignanois qui s'étoient levés spontanément pour la défense de leurs foyers, et s'avança en si bon ordre et avec une contenance si fière, que les ennemis, étonnés, croyant que le chevalier de Miane et ses soldats étoient suivis d'un nombre de troupes plus considérable, puisqu'ils osoient marcher à eux avec tant d'assurance, décampèrent aussitôt.

(Notes du chevalier Bernard.)

ÉPIGRAMME.

(1707.)

Victor abit victus, latè vastavit olivas ;
Intactas lauros linquere cura fuit.

(Le père d'Augier, jésuite.)

TRADUCTION.

Victor étant vaincu, pour cacher sa défaite,
Fit un vaste dégât de forêts d'oliviers ;
Mais il eut soin, dans sa retraite,
De ne pas toucher aux lauriers.

LA RETRAITE DE DUC DE SAVOIE,

Chanson provençale.

Pusqu'en grando rejouissenco
Touis lei troubadours de prouvenço
S'exerçoun de millo façouns
Per faire esclata nouastro joyo
Celebren per quaouqui cansouns
Leis exploits d'oou duc de Savoyo.

Ven eme une puissanto armado
Groussido per la renoumado;
Nous trobo senso defensours;
D'aqui councebe l'esperanço
D'estre en état din paou de jours
D'aganta l'Espagno et la Franço.

Despui long-tems la Grand-Bretagno
La Houlando, ni l'Allemagno
N'avien insulta nouastreis bords :
Et jamay su mar ni su terro
N'avian soustengut leis efforts
D'uno pu dangeirouso guerro

Passo lou Var eme insoulenço
Et creis dabord que la Prouvenço
Vendra si soumettre à sa ley ;
May rescontro un pople fidelo
Que per la patrio et lou Rey
Manquo ni d'amour ni de zelo.

A l'houro rentpli de coulero
Craignen lou sort de soun grand pero
Parlo ensin a seis camisards :
Messies, m'avias tous fa proumesso
D'unir souto meis estendarts
Touis les ennemis de la messo.

Per appeisar aquel ouragé
Signours noun perdes pas courage,
Lidigueroun de seis predicans,
N'aves qu'à passar la Durenco,
Seres jount per leis proutestans
De Languedoc et de Prouvenço.

Serie lou veritable affaire ;
Seriou mestre senso ista gieire
Et d'oou coumtat et d'Avignoun,
Mai aquo noun si poou pas faire
Car la Reyno Anne voou Touloun
M'a paga : dounc foou li coumplaire.

Si mettet dabord en campagno
Pertout la terrour l'accoumpagno ;
Lou vol et lou saccajament,
L'assasinat, l'ou brigandagé,
La troumparie, lou brulament
Sount leis fourriers de soun passagi.

Pertout la paraoulo es mauquado,
La fe pertout es vioulado,
Temoin lou noble Merindoou
Que per un accident sinistre
Din lou temps que n'avie plus poou,
Perdet dous escus et soun Ristre.

Ven a Touloun e soun armado :
Coumenço per soun arribado
De faire juga lou canoun,
Lorsque la villo encourageado
Respounde su lou meme toun ,
Canounado per canounado.

Prince d'equivoque merite
Arrestas vous, anas troou vite,
Vous apprendren en aquest jour
Per vouastro vergougnouse fuito ;
Que ce que vous ven doou tambour
S'en tourno souvent per la fluito

Applanta-vous, Tessé s'avanço ;
Conduit leis batallouns de Franço ,
Que joungt eme nonestri marins !
Ajustaran a vouastro elogeo
Un d'aquesteis quatre matins ,
Lou surnoun de *Jacques Delogeo.*

Medavy dejà vous resserro ;
Grignan vous fa manqua de terro ;
Goesbriant vous cougno de pres
Et fan changea su vouastro testo
Tous voueistreis lœouriers en cyprès ,
Ben que n'aguessias pas de resto.

Quittas un dessein temerari,
Prenes un counseou salutori :
Si noun poudes prendre Touloun,
Dires eis princes de la liguo
Qu'aves coupa quaouqueis meloun,
Mangea lou raisin et la figuo.

Per quaouques maisouns abimados,
Per quaouques vignos derabados,
Per quaouques villagis rouinas,
Tires pas tant grand avantagi;
Sias vengut, vous sias entournas:
Que poudias faïre davantagi?

Partes, n'aves ren à prétendre;
N'esperes pas que vouastré gendre,
Per oougmenta vouestré chagrin,
Seguit de la valour franceso,
Noun se revenguet sus Turin
De vouestré orgueillouse entrepreso.

Oou soulet brut de sa vengudo,
Saves juguat à l'escoundudo,
Aves agi fouar sageament,
Et per aquo, din la Prouvenço,
Cantaren eternalament
A l'hounour de vouastre prudenço.

  Par Chasteuil Galaup, *septembre* 1707.

NOTES
ET REMARQUES.

Le comte de Sebville, chef d'escadre, qui servoit en qualité de maréchal-de-camp dans l'armée de terre, étant monté sur la montagne de Coudon, dans la pensée qu'il découvriroit de plus loin les ennemis, tomba du haut du rocher et mourut à l'instant même.

Le 31 juillet, quelques chaloupes débarquèrent du monde au château de Bandol qu'ils pillèrent ainsi que la campagne. Le comte de Barville brigadier du roi, accourut avec quatre compagnies de grenadiers, les chassa et les força à se rembarquer.

Le 1er août, neuf vaisseaux anglois mouillés sur la rade du Bruscq, firent une descente au village de St-Nazaire, et enlevèrent ou brûlèrent toutes les barques et petits bâtimens marchands qui se trouvoient dans le port.

Le 2 août, le vent ayant poussé quelques vaisseaux des ennemis vers St-Sanary, ils pillèrent et brûlèrent le village, et jetèrent quelques bombes dans la Ciotat.

———

Arles n'est point une ville de guerre, quoiqu'elle ait une enceinte de remparts. Cependant on fortifia la ville ; on envoya chercher des armes à Lyon. Tous les habitans se levèrent en masse et formèrent quatre bataillons de garde bourgeoise de 400 hommes chacun, décidés à défendre leurs foyers jusqu'à la mort.

M. d'Aguières commandoit le Ier bataillon, M. Liautaud le 2e, M. de Montblanc le 3e, M. de Beaumont le 4e.

Le major de ces quatre bataillons étoit M. de Montfort, fils du maire, premier consul de la ville d'Arles.

———

La ville de Grasse fut taxée à trente-six mille livres ; obligée de plus à fournir trente mille rations de pain, six cents paires de souliers, quantité de fer et beaucoup d'autres choses.

Dans ce temps-là, la garnison d'Antibes envoyoit de fréquents détachemens à Grasse pour prendre ce qui lui étoit nécessaire ; ce que l'on fournit toujours très volontiers, malgré la sévérité des défenses du duc de Savoie.

———

Le 5 août, le duc de Savoie fit répandre le bruit dans son armée que la disette étoit très grande dans Toulon, que la place ne pouvoit tenir encore huit jours et qu'il en donneroit le pillage à ses soldats, pendant trois jours.

Tous les paysans de la côte, depuis la Ciotat jusqu'à Toulon, avoient pris les armes pour ne pas payer les contributions aux ennemis, que plus d'une fois ils contraignirent à se rembarquer.

Les ennemis vinrent au nombre de huit cents hommes, cavalerie et infanterie, pour fourrager à Signes, mais les paysans, étant en armes, résistèrent et furent si à-propos soutenus par les troupes du Beausset, qu'ils furent obligés de s'en retourner sans fourrage.

Il plut si prodigieusement le 13 août que l'artillerie fut obligée de discontinuer son feu de temps à autre. On reconnut alors l'inconvénient du dépavement. Les eaux n'ayant plus d'écoulement on avoit, dans les rues, de la boue jusques à mi-jambe, et cet inconvénient a duré longtemps après le siège.

La place de la halle au blé a fourni un exemple de l'inutilité du dépavement des rues, car une bombe étant tombée dans un endroit qui n'avoit pas été dépavé, elle y enfonça sans éclater.

Les vaisseaux le Fortuné et le Diamant qui prirent feu n'avoient pas été coulés bas à moitié comme les autres, parce qu'ils n'étoient pas des gros. On auroit été bien embarrassé si le feu avait pris à un de ceux-ci. Comment l'auroit-on pu éloigner des autres puisqu'ils touchoient ; il auroit été bien difficile d'éviter un embrasement de tous les vaisseaux du port.

Le duc de Savoie se souvint dans sa retraite de la manière dont il avoit été traité en entrant en Provence, par M. de Lamotte-Guerin, commandant des îles Ste-Marguerite. Aussi, convaincu que ce commandant lui disputeroit le passage, il quitta de nuit, le 26 août, son camp de la Siagne, pour se rendre à Biot. Dans ce village, les soldats maltraitèrent le chevalier de Bives et pillèrent sa maison. Celui-ci qui connaissoit beaucoup le duc de Savoie et presque tous les autres généraux de l'armée, demanda à leur parler, mais ils refusèrent de le voir.

(Ces notes sont extraites de divers journaux du siège.)

UNE PAGE D'UN LIVRE ANGLOIS.

« Il y a bien de l'apparence que l'entreprise des alliés sur
« Toulon auroit réussi, si le prince Eugène ne l'eût traversée ;
« nous ne devons pas imputer cette conduite à la mauvaise
« volonté de ce prince, mais à la politique de la cour de Vienne
« qui songeoit alors à la conquête de Naples. Le duc de
« Savoie avoit résolu de combattre dès que ses troupes arri-
« veroient : on l'obligea de différer le combat, et pendant ce
« temps-là, toute l'armée du maréchal de Tessé se rendit à
« Toulon, après quoi il fut impossible d'exécuter le dessein
« des alliés contre cette place. Si nous nous en fussions ren-
« dus maîtres, il est certain que nous aurions ruiné entièrement
« la marine française dans la Méditerranée.

(Manifeste pour le ministère anglois, en 1707,
imprimé à Londres en 1711 par Jean Mosphion.)

UNE PAGE DE L'HISTOIRE DU PRINCE EUGÈNE.

C'est envain que les anglois accusèrent le duc de Savoie d'être d'intelligence avec la Cour de France, et d'en avoir touché de l'argent pour lever le siège de Toulon. Le désir ardent qu'avoit cette nation d'ôter aux François les moyens de figurer sur mer, lui faisoit souhaiter passionnément la conquête de cette place, et ce souhait la lui représentoit comme très-facile; de là, le chagrin qu'elle eût de voir ses espérances évanouies, lui fit chercher dans la conduite du duc de Savoie un sujet de blâme, certainement mal fondé.

(Extrait de l'histoire du prince Eugène.)

AVEU PRÉCIEUX.

Monseigneur le duc de Savoie avoit la persuasion d'arriver à Toulon avant les troupes du roi de France. Lorsqu'on lui dit le 23 juillet à Pignans, qu'il avait été *primé*, il ne put croire que cela fut exact, car il sçavoit l'époque précise à laquelle l'armée du Dauphiné s'étoit ébranlée et, d'après ses supputations, elle ne pouvoit être arrivée sitôt. Il est vrai que monseigneur calculoit sur les routes ordinaires; mais quand il apprit qu'on en avait suivi une autre jusqu'alors inconnue et que c'étoit M. le comte de Grignan qui l'avoit ordonnée, il commença à croire la chose possible. « Ce vieux Grignan, dit-il, en s'adressant au prince Eugène, ce vieux Grignan ! c'est encore lui ! IL MA GAGNÉ DE LA MAIN*. »

(Relation de la campagne du duc de Savoie, publiée à Turin en 1708.)

REMARQUE D'UN OFFICIER-GÉNÉRAL.

En l'année 1707, si le maréchal de Tessé, après n'avoir rien voulu faire contre le duc de Savoie et le Prince Eugène, lorsqu'ils abandonnèrent l'entreprise de Toulon, avoit connu le Piémont et les facilités que M. de Savoie pouvoit trouver pour forcer des marches d'infanterie dans la plaine dès qu'il y seroit rentré, le maréchal auroit promptement renvoyé de Provence toute l'infanterie pour protéger le Pragelas et Suze, qui, par ce moyen, auroient été sûrement garantis. Quoique dans cette occasion, l'on puisse avec raison accuser M. le maréchal de Tessé de n'avoir pas supputé les journées que M. de Savoie avoit à employer pour faire cette marche de Toulon à Suze, sur la connaissance qu'il devoit avoir de ce pays; cependant j'attribuerois plus aisément cette grande faute à une ignorance présomptueuse, qu'au manque de cette supputation que tous les officiers de son armée faisoient pour lui et qu'il ne pouvoit guère ignorer.

ANTOINE DE PAS,
marquis de Feuquières, lieutenant-général.
(Mémoires sur l'art de la guerre.)

---

* *M'ha quadagnato della mano.* Toute la vérité est dans ce mot, et il est assez plaisant de le trouver précisément dans un ouvrage que cherche à expliquer l'insuccès du duc de Savoie par des mésintelligences survenues entre lui et ses généraux.

REMARQUES DE M DE FOLARD.

Sans entrer dans le détail de la possibilité qui est démontrée de défendre le Var, il suffit de dire que, faute de l'avoir reconnue et d'y avoir employé le monde suffisant, un lieutenant-général qui y avoit été envoyé, ne crut pas pouvoir y tenir et qu'il se retira à l'approche de l'ennemi; il manda même à M. de Goesbriant qui accouroit au secours de Toulon avec un corps de troupes, qu'il n'arriveroit pas à temps pour défendre la ligne que l'on avoit tirée de la ville à la montagne, lui-même ayant déjà les ennemis sur les bras. Heureusement que cette lettre qui auroit peut-être fait rebrousser tout autre, n'arrêta pas le marquis de Goesbriant qui manda, en l'envoyant au maréchal de Tessé : « Je marche droit à Toulon ; comptez là-dessus ; » ce général fit bien, car l'ennemi étoit à plus de trois marches de sa division quand il arriva ; de sorte que l'on eût le temps de perfectionner la ligne et de se mettre en bonne posture.

L'objet des ennemis ne fut jamais que Toulon, et c'est cette entreprise * d'une si grande importance pour eux, s'ils avoient réussi, qui, en échouant, offroit le plus beau jeu du monde pour détruire leur armée si nous eussions sçu profiter de nos avantages.

---

* Entreprise qui leur coûta néanmoins quatorze mille hommes, indépendamment des sommes immenses dépensées pour l'expédition.

J'ai trouvé, quelques années après le siège de Toulon, l'occasion d'en raisonner avec le maréchal de Tessé. Il me fit l'honneur de me dire que les ordres de la cour n'étoient pas toujours conformes aux intentions des généraux et que le ministre, lui ayant mandé de garder la défensive, sans rien hazarder, la prudence ordonnoit qu'il fît PONT-D'OR à la retraite de l'ennemi, quelque envie qu'il eût eu du contraire.

(Mémoires de M. de Folard, auteur des Commentaires sur l'histoire de Polybe.)

LETTRES,

DÉLIBÉRATIONS

DU CONSEIL DE VILLE

ET

AUTRES PIÈCES.

LETTRE DE LOUIS XIV

AUX CONSULS D'AIX, PROCUREURS DU PAYS.

---

chers et bien amés Maires et Consuls d'Aix, procureurs de nostre pays et comté de Provence :

Très-chers et bien amez, la satisfaction que nous avons de vos services et le zèle que vous avez fait paroître pour les avantages de nostre Province de Provence, nous faisant juger, que dans la conjoncture présente, vos soins peuvent être extrêmement utiles, nous vous faisons cette lettre, pour vous dire que nostre intention est que vous continuiez à faire les fonctions de Maires, consuls de nostre ville d'Aix, procureurs de nostre pays, pendant une année, avec la même autorité, rang, prééminence, avantages et droits dont vous avez joui.

depuis que vous estes revêtus des dites charges, le tout pour cette fois-cy seulement, et sans tirer à conséquence pour l'avenir; et ne doutant pas que cette marque que nous vous donnons de nostre confiance ne vous engage à redoubler vos soins pour le bien de nostre service et celui de nostre dite Provence, nous ne vous faisons la présente plus longue, cy n'y faites faute, car tel est nostre plaisir.

Donné à Fontainebleau, le quinzième septembre 1707.

Signé, LOUIS,

et plus bas,

COLBERT.

A MONSIEUR

LE MARQUIS DE CASTELLANE D'ESPARRON,

MAIRE, PREMIER CONSUL DE MA VILLE D'AIX ET PREMIER PROCUREUR DE MON PAYS ET COMTÉ DE PROVENCE.

Monsieur de Castellane d'Esparron, je suis si content des services que vous m'avez rendus dans les fonctions de la charge de maire, premier consul de ma ville d'Aix et premier procureur de mon pays et comté de Provence, que j'ai jugé à propos pour vous marquer la satisfaction qui m'en reste de vous continuer, pendant l'année prochaine, dans la même charge aussi bien que les autres consuls d'Aix, procureurs de mon dit pays et, quoique je vous fasse sçavoir mes intentions par ma lettre de ce jourd'huy qui vous est commune avec eux, j'ai voulu encore vous le faire sçavoir par celle-cy, laquelle n'étant à autre fin, je prie Dieu qu'il vous ait, Monsieur de Castellane d'Esparron, en sa sainte garde.

Écrit à Fontainebleau, le 16 septembre 1707 :

Signé : LOUIS ; et plus bas,

Colbert.

LETTRE

DE MESSIEURS LES CONSULS DE LA VILLE DE TOULON

A MONSIEUR DE CHAMILLART,

CONTRÔLEUR-GÉNÉRAL DES FINANCES ET MINISTRE DE LA GUERRE.

6 *septembre* 1707.

Monseigneur,

Nous sommes enfin délivrés du péril, grâces à Dieu, par la levée du siège, le mois passé, après avoir été bombardés par terre depuis le 15 à six heures du soir, jusqu'au 21, et par mer, depuis le 21 à onze heures du matin, jusqu'au 22 à quatre heures ou cinq heures du matin. Il y a environ deux cents maisons endommagées par les boulets de canon, pour le moins six cents par les bombes, dont il y en a plusieurs rognées et quelques-unes abattues par ordre. Si le dommage à cet égard n'a pas été si considérable que nous avions lieu de le craindre, ça été par la diligence et par les bons ordres que M. le marquis de Chalmazel a donnés et que nos habitans ont exécutés avec tout le zèle et l'ardeur possibles ; on peut dire qu'il a fait dans cette occasion tout ce qu'on pouvoit souhaiter d'un bon Commandant sage et intrépide, et il n'a pas ménagé ny sa personne ny sa bourse, et s'est exposé à toute sorte de dangers comme le moindre particulier.

Cependant, Monseigneur, comme Toulon en qui réside uniquement le salut du reste de la province, a souffert de si grandes pertes pour la défense commune, nous avons cru en pouvoir espérer le dédommagement de la bonté du Roi, à l'exemple d'autres villes qui ont eu le même malheur dans la dernière guerre. Nous avons pour cet effet présenté requête à M. Lebret intendant de Provence, tendant à faire commettre des experts non suspects, pour faire rapport de l'état des maisons et héritages endommagés et de ce qu'ils valoient auparavant ; mais avant que de statuer là-dessus, il en a voulu écrire à votre grandeur.

Nous avons ressenti si souvent, Monseigneur, les effets de la protection dont votre grandeur honore les habitans de Toulon, que nous espérons qu'elle voudra bien employer son crédit auprès du Roi pour leur procurer cette indemnité, la pluspart se trouvant entièrement ruinés par le ravage de leurs terres, par le pillage de leurs fruits, par la démolition ou l'incendie de leurs maisons, et par l'impuissance d'y faire aucune réparation sans des secours extraordinaires, Nous attendons cette grace, et sommes avec le plus profond respect,

Monseigneur,

Vos très-humbles et très-obéissans serviteurs.

Signés : FLAMENQ, FERAND, MARIN, consuls.

RÉPONSE DE M. DE CHAMILLART.

Fontainebleau, 14 septembre 1707.

Messieurs,

J'ai reçu la lettre que vous m'avez écrite le 6 de ce mois, sur les dommages que les ennemis ont causés à la ville de Toulon. Lorsque la ville de Dieppe fut bombardée en 1694 et presque entièrement détruite par un incendie général, Sa Majesté voulut bien accorder des grâces considérables à ses habitans, et une exception pendant dix ans, des droits qui se levaient à son profit, pour leur donner moyen de se rétablir. Cette ville se trouve aujourd'huy plus considérable qu'elle n'étoit avant cet incendie. Le Roi est toujours porté à soulager ses fidèles sujets. C'est dans cet esprit que Sa Majesté m'a commandé d'écrire à M. Lebret, pour voir avec vous tout ce qui se pourra faire pour votre soulagement ; vous lui proposerez ce que vous croyez plus à propos d'y contribuer en faisant néanmoins attention que Sa Majesté étant déjà chargée des dépenses de la guerre qui sont immenses, il lui seroit impossible de prendre sur elle les secours dont vous avez besoin. Vous devez être persuadés que je contribuerai en tout ce qui dépendra de moi à votre satisfaction.

Je suis, Messieurs, votre très-humble et très-obéissant serviteur.

Signé : CHAMILLART.

Le même jour 6 septembre les consuls écrivirent à M. de Pontchartrain, ministre de la marine, pour l'informer de la demande qu'ils avoient faite à M. Lebret, tendant à commettre des experts pour faire rapport des dommages que les habitans avoient reçus. On n'oublia pas dans cette lettre les preuves qu'ils avoient données de leur zèle pour le service du roi, surtout dans l'embrâsement de deux de ses vaisseaux. A quoi le ministre fit la réponse suivante :

Fontainebleau, ce 21 septembre 1707.

Messieurs,

J'ai reçu la lettre que vous m'avez écrite le 6 de ce mois pour m'informer de la demande que vous avez faite à M. Lebret de commettre des experts pour faire rapport de l'état présent des maisons et héritages endommagés par les ennemis pendant leur entreprise sur Toulon, et de ce qu'ils valoient auparavant. Je la lirai au roi, et vous ne devez pas douter que je ne vous donne tous les secours qui dépendront de moi et qui pourront contribuer au soulagement que vous devez attendre de la justice de Sa Majesté qui m'a paru sensible à vos pertes et au dommage que vous avez souffert. Elle a été informée de la bonne volonté des habitans dans toutes les occasions où elle a paru. Je vous observerai seulement qu'il y en a quelques-unes où les officiers supérieurs n'en ont pas été édifiés.

Je suis, Messieurs, votre très-humble et très-obéissant serviteur,

Signé : PONTCHARTRAIN.

Au reçu de cette lettre, le conseil de ville s'assembla et délibéra à l'unanimité la réponse suivante :

LES MEMBRES DU CONSEIL DE VILLE DE TOULON

A M. DE PONTCHARTRAIN,

MINISTRE DE LA MARINE.

Toulon, 3 octobre 1707.

Monseigneur,

Nous ne saurions vous remercier assez dignement de ce qu'il vous a plu nous marquer que Sa Majesté a été informée de la bonne volonté des habitants dans toutes les occasions où elle a paru. Votre grandeur observe seulement qu'il y en a quelques-unes où les officiers supérieurs n'en ont pas été édifiés. Sur quoi nous pourrions justifier nos habitans s'il lui plaisoit nous dire en quoi ils ont pu manquer. Il y a long-temps qu'ils ont le malheur de déplaire à quelques-uns d'entr'eux. On a vu quelquefois qu'un mécontentement particulier a converti en crimes des actions fort innocentes, par le tour qu'on leur a donné ; mais ces habitans ont eu la consolation d'avoir trouvé des officiers supérieurs qui ont pris leur défense par un esprit d'équité digne de leur rang et de leur naissance. Quelque sujet néanmoins que nous ayons eu de nous plaindre des vivacités des premiers, nous n'avons jamais importuné Votre Grandeur là-dessus, et nous n'avons pas laissé d'avoir pour eux toute la déférence qu'on doit au rang qu'ils occupent. Cela même ne nous empêchera jamais de rendre justice à leur grande qualité que nous ne confondrons point avec celles qui ne sont point de ce nombre. Nous prions votre grandeur de nous continuer l'honneur de sa protection.

Signés : Flamenq, Ferand, Marin, consuls, de Marin-Carrenrais, Florens, Callènes, Arène, Raisson, Vacon, Moutton, Aycard et Aube, conseillers.

(Correspondance. Archives de la commune de Toulon.)

DÉLIBÉRATION

Du conseil-général de la communauté de Toulon, du 21 décembre 1707.

M. le Maire représente que le septième jour du mois de septembre dernier, le conseil général de la communauté ayant été assemblé au sujet des dommages que les habitans de cette ville ont reçus à l'occasion de l'approche e tdu campement de l'armée des alliés, tant par mer que par terre, commandée par le duc de Savoie; par la résolution de la dite assemblée, il fut délibéré une députation à Paris pour demander des indemnités, et, à cet effet, présenter à sa majesté, à nosseigneurs de son conseil, à nosseigneurs les ministres et autres puissances, tous placets, remontrances et requêtes à ce nécessaires; et parce que la délibération a resté sans effet jusques à anjourd'huy, et qu'il est nécessaire de prendre les expédiens convenables pour parvenir à l'indemnité des dommages et a requis l'assemblée de délibérer.

Sur quoi, l'assemblée a délibéré de députer M. Joseph Flamenq, maire, et noble François-Joseph de Marin Carrenrais, premier conseiller de la communauté, pour se porter à Paris et partout où besoin sera, afin de demander l'indemnité des dommages, et, à cet effet, présenter à sa majesté, à nosseigneurs de son conseil, à nosseigneurs les ministres et autres puissances, tous placets, remontrances et requêtes à ce nécessaires, sous le bon plaisir, toutefois, de monseigneur Lebret, intendant de justice en cette province.

Signé : Flamenq, maire; Ferand, Marin, consuls; de Marin de Carrenrais, Garnier, Florens, Callènes, Arène, Raisson, Vacon, Moutton, Aycard, Aube, Merle, conseillers de la municipalité; Châteauneuf, Haget, Trulet, Beaussier (Félix), Sicard, Possel de la Valette, Beaussier, Martiny d'Orvès; Clanel, Benoit, Depuijoubert, de Chabert, de Montauban, Rey, Bremond, Coulomb, Monochon, Layne, Brun, Dellat, Dupy, Burgues de Missiessy, Catelin, Mathieu, Fournier, Tournier, Bousquet, Armand, Grenier, Nanant, Grasset, Blancard, Giraud, adjoints.

(Registre des délibérations du conseil de ville de Toulon. Archives de la commune.)

FRAGMENT

D'UNE

LETTRE DE M. DE CHAMILLART

A M. LE COMTE DE GRIGNAN.

Fontainebleau, 9 *mars* 1708.

. . . .

Sa majesté a bien voulu, sur les témoignages avantageux

que vous donnez des sieurs Flamenq, Ferand, Marin, consuls de la ville de Toulon, et Arène maire, consul de la ville d'Hyères, accorder, comme vous le proposez, des lettres de noblesse au sieur Flamenq; à l'égard des sieurs Ferand, Marin et Arène, elle se ressouviendra d'eux, lorsqu'il se présentera quelqu'occasion de leur marquer la satisfaction qu'elle a de leurs services.

Je suis, Monsieur, etc.

Signé: CHAMILLART.

(Correspondance; archives de la commune de Toulon.)

INDEMNITÉ

ACCORDÉE AUX HABITANS DE TOULON.

Les consuls n'ayant rien oublié pour procurer aux habitans quelque dédommagement des pertes qu'ils avoient faites à l'occasion du siège de cette ville, et n'ayant pu y réussir par la conjoncture des temps, crurent qu'il falloit se rabattre sur le rétablissement de la foire qui lui avoit été accordée par le roi Henri IV, en 1595. Le sieur Ferand ayant été député vers M. Lebret, intendant en Provence, pour lui en faire l'ouverture, il lui demanda un mémoire pour cela. Ceux qui succédèrent à ces consuls, ayant poursuivi cette affaire à la cour, obtinrent le rétablissement de cette foire par des lettres-patentes du 21 décembre 1708, où il est dit, au sujet du siège, que les supplians, aussi bien que les habitans, se sont efforcés de donner de nouvelles marques de leur zèle et de leur attachement au service du roi, et que sa majesté a eu la bonté de leur faire témoigner qu'elle en étoit très contente.

(Archives de la commune de Toulon.)

CONDUITE DE L'ÉVÊQUE DE TOULON
APRÈS LE SIÈGE.

M. de Toulon, dès qu'il fut informé de l'état des lieux de son diocèse par où les ennemis avoient passé, pourvut d'abord à la nudité et à la faim. On fit, par ordre de ce prélat, des enquêtes de l'une et de l'autre nécessité. Il envoya à ces lieux de la toile, des étoffes, du blé et autres grains; et à mesure qu'on approcha de l'arrière-saison, il fit distribuer du blé à ceux qui, par leur pauvreté, étoient hors d'état d'en avoir pour ensemencer leurs terres : ainsi il pourvut au présent et à l'avenir.

On peut juger, qu'ayant pourvu aux nécessités des laïques, il n'a pas oublié celles des ecclésiastiques de son diocèse. On n'a pour cela qu'à jeter les yeux sur la remontrance suivante qu'il fit présenter au roi en leur faveur.

SUPPLIQUE
DE M. ARMAND-LOUIS-BONNIN DE CHALUCET,
ÉVÊQUE DE TOULON, ET DES SYNDICS DE SON DIOCÈSE.

AU ROY.

Toulon, le 8 avril 1708.

Sire,

L'évêque et les syndics du diocèse de Toulon osent remontrer très-humblement à votre Majesté que le receveur provincial des décimes et les commis pour la capitation pressent les ecclésiastiques de ce diocèse pour acquitter l'une et l'autre de ces impositions qu'il leur est impossible de payer dans l'état où les a réduits l'irruption de M. le duc de Savoie. Il n'est que trop de notoriété publique que non seulement toutes leurs denrées ont été pillées et consommées par les ennemis, mais encore que leurs maisons ont été saccagées, que les églises mêmes ont été dépouillées, que dans la pluspart, les vases sacrés ainsi que les ornemens ont été enlevés, en sorte qu'il ne reste quasi de quoi soutenir le service divin et subvenir à la subsistance des prêtres qui y sont nécessaires : la désolation où ils se trouvent les fait donc recourir à la bonté et à la charité du Roi pour les vouloir bien exempter au moins des termes d'octobre 1707 et février 1708 des décimes et de la capitation. Les supplians, Sire, n'ignorent pas que peut-être dans la règle étroite, il faudrait un procès-verbal par le juge et le substitut de votre procureur ; mais outre que cette application ne doit être proprement faite qu'à l'égard des décimes, et dans des cas douteux ils supplient votre Majesté de considérer que ce diocèse ressortant de juges royaux, les frais de ce verbal ne leur seroient pas moins onéreux que les frais de l'imposition même, et qu'ils ne sont pas plus en état de satisfaire à l'un qu'à l'autre. Au reste tous les biens des ecclésiastiques de ce diocèse ne consistent quasi qu'en dimes. La ruine de ces biens coûte donc assez par celles des villes et villages de ce diocèse, et la ruine de tous ces lieux est assez prouvée par les verbaux que M. l'intendant de la Provence et les procureurs syndics du pays ont fait faire ce dont votre Majesté a eu si pleine connoissance qu'elle a eu la bonté d'y déférer et d'accorder aux laïques quelque dédommagement de leurs pertes. Les ecclésiastiques, Sire, ne sont pas moins chers à votre majesté que les laïques ; les preuves publiques ne leur doivent pas être moins favorables. La désolation de ce diocèse n'est que trop connue par votre Majesté ; mais les supplians osent y ajouter que leur impuissance est incompréhensible. Votre Majesté peut en juger par la suppression que nous avons été obligés de faire de tous les prédicateurs pendant ce carême et de plusieurs secondaires ; ce considéré, sire, ils supplient très-humblement votre Majesté de vouloir bien, par un effet de sa charité, avoir égard à la désolation et à la misère de tous les ecclésiastiques de ce diocèse qui ont même été pour la pluspart personnellement maltraités et dépouillés aussi bien que leurs églises, et en conséquence leur accorder l'exemption des décimes et de la capitation pour les termes d'octobre 1707 et février 1708, qu'ils sont dans l'impuissance absolue de payer, et ils continueront leurs prières pour la santé et la prospérité de votre Majesté et de toute la famille royale.

Signé, † L. A. De CHALUCET.

Cette affaire fut renvoyée au bureau de l'archevêché de Paris. On y agita le pour et le contre ; mais le cardinal de Noailles, archevêque de Paris ayant déjà terminé le contingent des autres lieux par où l'armée ennemie avoit passé, il craignit que le produit des impositions ne fut pas assez fort pour les gratifications qu'on a coutume de faire au cardinal-protecteur à Rome. Ainsi cette demande fut rejetée sur le défaut de formalités requises en pareil cas, qu'on fit consister en ce qu'il n'y avait point eu de rapport fait à temps.

(Archives de la commune de Toulon.)

DÉLIBÉRATION

DU CONSEIL DE VILLE DE TOULON

du 23 juin 1708.

LE CONSEIL DE VILLE

PRÉSIDÉ

PAR M. JOSEPH FLAMENQ,

MAIRE, PREMIER CONSUL ET LIEUTENANT-GÉNÉRAL DE POLICE.

Dans le dessein de laisser à la postérité un monument du siège que cette ville a souffert, en l'année mil sept cent sept, de la levée de ce siège, de la fermeté de M. Louis-Armand Bonnin de Chalucet, évêque de Toulon, et des bienfaits que la communauté et le public en ont reçus pendant et après ce siège, MM. les maire et consuls, et MM. du conseil de ville, ont fait graver en lettres d'or, sur une table de marbre noir, une inscription latine composée par M. Ferand, 2me consul, laquelle ils ont fait poser dans la salle de l'hôtel-de-ville; et afin de perpétuer davantage la mémoire de cette téméraire entreprise des ennemis, de l'intrépidité et des bienfaits de ce grand prélat, l'assemblée a voulu faire insérer, dans le registre des délibérations, cette inscription latine et la traduction en françois:

ARMANDO-LUDOVICO-BONNIN
DE CHALUCET,

EPISCOPO TOLONENSIS.

Quod urbe, terrà marique, a Germanis, Anglis, Batavis et Sabandis obsessa; inter missiles hostium ignes, et disjecta domus ruinas, intrepidus, optimates consilio et exemplo firmavit; plebem frumento et pecunia juvit : consules et civitas Tolonnensis, post depulsos hostes, grati animi monumentum.

P. P.

ANNO MDCCVII.

Traduction.

A MONSEIGNEUR
ARMAND-LOUIS-BONNIN DE CHALUCET,
ÉVÊQUE DE TOULON.

Pour avoir été intrépide pendant que les Allemands, les Anglois, les Hollandois et les Savoyards assiégeoient Toulon, inébranlable parmi les boulets, les bombes et les ruines de son palais : pour avoir aidé les chefs de la ville de ses conseils et les avoir soutenus par son exemple : pour avoir distribué du blé et de l'argent au peuple.

Les maire et consuls et le conseil de ville, après la levée du siège, ont consacré à ce prélat ce monument de leur reconnoissance, L'AN 1707.

Se retiendra le sieur trésorier la somme de cent soixante trois livres sept sols neuf deniers qu'il a payée de la dépense faite pour travailler et poser dans la salle de l'hôtel de ville une table de marbre noir sur laquelle a été gravée en lettres d'or une inscription à la louange de monseigneur Armand Louis Bonnin de Chalucet, évêque de Toulon, sur la fermeté qu'il a eu dans le temps que la ville était assiégée et bombardée et les bienfaits que le public a reçus de sa charité laquelle dépense se trouve mentionnée dans l'état qui a été tenu lequel rapportant avec le prix de la pierre, sera admis.

Signé : Flamenq, maire; Ferand, Marin, consuls; de Marin de Carrenrais, Garnier, Florens, Callènes, Arène, Raisson, Vacon, Moutton, Aycard, Aube, Merle, conseillers.

(Registres des délibérations du conseil de ville de Toulon. Archives de la commune.)

DÉLIBÉRATION

*Du conseil de ville de Toulon,
du 18 décembre 1712.*

Le Conseil...
....
a unanimement délibéré qu'une table de marbre portant une inscription latine en l'honneur de Monseigneur le comte de Grignan, sera placée dans la chapelle de Ste-Anne, située dans l'enceinte du camp de ce nom, pour perpétuer le souvenir de la gloire qu'il s'est acquise en 1707, lors du siège de la ville.

Signés; Rey, maire; Tournier, Marin, consuls; Durand, Audibert, Boulet, Savy, Béringuier, Blancard, Eyguisier, Canousse, conseillers.

(Régistres des délibérations du conseil de ville de Toulon. Archives da la commune.)

DÉLIBÉRATION

DU CONSEIL DE LA MUNICIPALITÉ DE TOULON,

QUI ACCORDE UNE INDEMNITÉ DE LOGEMENT A MM. LES GARDES DE LA MARINE.

Le CONSEIL,

Voulant reconnoître les services rendus par les braves gardes de la Marine, pendant toute la durée du siège de Toulon, en l'an 1707,

A délibéré :

1º A l'avenir le logement de M. M. les gardes de la Marine sera à la charge de la ville.

2º Lorsque les gardes de la Marine seront casernés aux frais du Roi, il sera payé à chacun d'eux, par la ville, une indemnité de logement de neuf livres par mois.

Signés : ....
....

Nota. Cette délibération ne s'est pas retrouvée, mais il est constant qu'elle a eu son cours jusques en 1786, époque à laquelle les gardes de la Marine furent remplacés par les élèves.

ARMÉE FRANÇAISE.

ÉTAT-MAJOR GÉNÉRAL.

Marine.

OFFICIERS GÉNÉRAUX.

Le comte de Langeron, commandant de la marine.
Le marquis de Roie, chef d'escadre, commandant les galères de la rade.
Le comte de Montolien, chef d'escadre, commandant les galères à Marseille.
Le comte de Villars, chef d'escadre, servant en qualité de maréchal de camp, dans l'armée de terre.
Le comte de Sebville, id. id. (mort.)
Le marquis d'Alligre, chef d'escadre aux mouvemens du Port.
Le commandeur d'Ailly, id. id.

OFFICIERS D'ÉTAT-MAJOR.

Le chevalier de Camilly, capitaine de vaisseau, major de la marine.

De Galiffet, capitaine de galère, aide-major, (blessé à Faron.)
De l'Aubepin; id., id., auprès du commandant de la Marine dans l'arsenal.
De Sansay, lieutenant de vaisseau, id. id.
De St-Germain, id. id.

VAISSEAU LE ST-PHILIPPE. — 540 hommes.

Le comte de Béthune de Selles, capitaine de vaisseau, commandant.
De Mazeroles, capitaine de Brûlot, 1er lieutenant.
Six enseignes de vaisseau.

VAISSEAU LE TONNANT. — 200 hommes.

Le chevalier de Montgou, capitaine de vaisseau, commandant.
Benoist, capitaine de brûlot. 1er lieutenant.
Deux enseignes de vaisseau.

COMPAGNIE DES GARDES DE LA MARINE.

Le Commandeur de Beaujeu, capitaine de vaisseau, commandant.
De La Marque Montault, lieutenant.

SERVICE DE L'ARTILLERIE DE LA PLACE.

1re BRIGADE. — 300 hommes.

Desfrancs, capitaine de vaisseau, brigadier.
De Turgis, idem, colonel.
De Longchamp-Montendre idem, idem.
De Laigue, idem, idem.
Comte de Sabran-Baudinar, idem, lieutenant-colonel.
De Glandevez, idem, idem.
Elzéard de Sabran, lieutenant de vaisseau, major.
De Rochemaure idem, idem.
Canvières, capitaine de brûlot, aide-major.
Trois enseignes de vaisseau.

2me BRIGADE. — 300 hommes.

De Champigny, capitaine de vaisseau, brigadier.
Trulet, idem, colonel.
Clavel, idem, idem.
D'Estienne, idem, idem.
Hinault, idem, lieutenant-colonel,
Cahouet, capitaine de frégate, idem.
De Burgues-Missiessy, lieutenant de vaisseau, 1er major.
De Sevins, idem, 2e major.
Quatre enseignes de vaisseau.

3ᵐᵉ BRIGADE. — 380 hommes.

Duquesne-Mosnier, capitaine de vaisseau, brigadier.
De Cogolin, idem, colonel.
De Sallabery de Bonnevile, idem, idem.
Geoffroy, idem, idem.
Le chevalier de Cafatto, idem, idem.
De Radoüay, idem, idem.
De Montague, capitaine de frégate, lieutenant-colonel
D'Esparron, idem, idem.
De Voisins, lieutenant de vaisseau, major.
De Fontaget idem. idem.
Le chevalier de Maillard, capitaine de brûlot, aide-major.
Deux enseignes de vaisseau.

4ᵐᵉ BRIGADE. — 320 hommes.

De la Boissière, capitaine de vaisseau, brigadier.
Lanthier, idem, colonel.
Dagres, idem, idem.
De Feuquières, idem, idem.
Brulon, idem, lieutenant-colonel.
De Gencien, idem, idem.
De Parlan, capitaine de frégate, idem.
De Temmins, lieutenant de vaisseau, major.
De Latteville idem, idem.
Lombard du Castelet, idem, idem.
De Lointres, idem, idem.

Quatre enseignes de vaisseau.
Deux lieutenans de frégate.

5ᵉ BRIGADE — 300 hommes.

De Motheux,   capitaine de vaisseau,   brigadier.
Beaussier,   idem,   colonel.
De Cafatto,   idem,   idem.
Marqueze de Roquemadore,   idem,   idem.
De Fongis,   idem,   lieutenant-colonel.
De la Magdeleine, capitaine de frégate,   idem.
De Roquart,   idem,   idem.
De Goy,   lieutenant de vaisseau,   major.
Le chevalier de Bauve,   idem,   idem.
De Ruyter,   idem,   idem.
Quatre enseignes de vaisseau.
Un capitaine de flûte.

6ᵐᵉ BRIGADE. — 300 hommes.

De Chaulieu,   capitaine de vaisseau,   brigadier.
De Mons,   idem,   colonel.
De Valette-Laudun,   idem,   idem.
De la Motte-Louvart, capitaine de frégate, lieutenant-colon.
De la Chaise-Beaupoirier, lieutenant de vaisseau, major.
Clavel, capitaine de brûlot, idem,   aide-major.
De Revest,   idem,   idem.
Trois enseignes de vaisseau.
Un lieutenant de frégate.

7ᵐᵉ ET 8ᵐᵉ BRIGADES. — 380 hommes.

(DÉTAILS DE L'ARTILLERIE.)

De Combe, commissaire-général d'artillerie.
De Gratien, capitaine de vaisseau, commandant l'artillerie des bastions, (blessé au bastion St-Bernard.)
De Court de Bruyères, capitaine de vaisseau, commandant l'artillerie à la bataille de Faron, et plus tard la batterie de la Malgue.
Imardon, capitaine de frégate, idem, (tué à Faron.)
Lambert, capitaine de galiote, aux mortiers.
Bousquet, idem, idem.
De Choiseul-Beaupré, idem, commandant la batterie de droite au camp de Ste-Anne.
De Feuillans, lieutenant de vaisseau, (blessé au bastion St-Bernard.)
Segallon, lieutenant de galiote, avec M. de Court, à Faron.
La Balme, idem, idem, (tué.)
Verguin, capitaine de brûlot, aux batteries de Ste-Anne.
Le chevalier du Canal, idem, aux batteries des Darces.
Marquizan, idem, avec M. de Court, à Faron.
Huit enseignes de vaisseau aux diverses batteries de l'extérieur.

9ᵐᵉ BRIGADE. — 600 hommes.

(Service des Batteries du Cap.)

De Pontac, capitaine de vaisseau, brigadier.

Le comte d'Alligre, capitaine de frégate, lieutenant-colonel.
De la Garde-Buchet   idem.   major.
Michault,   lieutenant de vaisseau,   capitaine, (blessé.)
Dosmond Malicorne   idem,   idem.
De St-Julien   idem,   idem.
Villeneuve de Trans,   idem,   idem.
Charon de la ville-Sallon, idem,   idem.
De Giranton   idem,   idem.
Le chevalier de Remondis   idem,   idem.
De la Roque St-Sever,   idem   idem.
  Quatorze enseignes de vaisseau,   1ers lieutenans.
  Deux lieutenans de frégate.
  Deux capitaines de flûte,

10me BRIGADE. — 300 hommes.
(Garnison de la Place.)

De Grancey,   capitaine de vaisseau,   brigadier.
Le chevalier de Béthune, capitaine de frégate, lieut. colonel.
De Bostargues,   capitaine de brûlot,   major.
De Granval,   lieutenant de vaisseau,   capitaine.
De la Valette de Thomas,   idem,   idem.
Mondeville le Fanu,   idem,   idem.
De Montlaur,   idem,   idem.
De la Chassagne de Jacques, idem,   idem.
De Moans de Grasse,   idem,   idem.
De Cheylus,   idem,   idem.
De Pienne,   idem,   idem.
De Vogué,   idem,   idem.
  Douze enseignes de vaisseau,   1ers lieutenans.
  Deux lieutenans de frégate.

11me BRIGADE. — 300 hommes.
(Garnison de la place.)

Boulainvilliers,	capitaine de vaisseau,	brigadier.
De Rochambaut,	capitaine de frégate,	lieut.-colonel.
De la Gardelle,	lieutenant de vaisseau,	major.
Dallens,	lieutenant de vaisseau,	capitaine.
De la Salle St-Cricq,	idem,	idem.
De Terras,	idem,	idem.
De Montlezan,	idem,	idem.
De St.-Estève,	idem,	idem.
Dulac de Montvert,	idem,	idem.
Quesnoy des Vallées,	idem,	idem.
De Sannes,	idem,	idem.
De Pallus,	idem,	idem.

Douze enseignes de vaisseau, 1ers lieutenans.
Deux lieutenans de frégate.

12me BRIGADE. — 300 hommes.
(Garnison de la Place.)

De Vattan,	capitaine de vaisseau,	brigadier.
De Gouyon,	capitaine de frégate,	lieut.-colonel.
D'Arragnan,	lieutenant de vaisseau,	major.
D'Imonnier,	idem,	capitaine.
Le chevalier de Dampierre,	idem,	idem.
Despens,	idem,	idem.
De Cicery	idem,	idem.

De Rioux, lieutenant de vaisseau, capitaine.
De Sabran Bagnols, idem. idem.
De Rochepierre, idem. idem.
De Gudrin, idem. idem.
Douze enseignes de vaisseau.
Deux lieutenans de frégate.
Un capitaine de flûte.

OFFICIERS DE LA MARINE,
EN SERVICE DÉTACHÉ.

De Norey, capitaine de vaisseau, auprès du commandant de la marine dans l'arsenal.
De Beaucaire, id. id.
De Grenonville, capitaine de frégate, commandant le château Ste-Marguerite.
De Chastellier, lieutenant de vaisseau, major de la place au château Ste-Marguerite.
De Bédoun, id., auprès du commandant de de la marine dans l'arsenal.
Du Veuil, enseigne de vaisseau, (tué à la bataille de Faron.)
De Vignoles, enseigne de vaisseau au château St-Marguerite.
Baron de l'Isle, idem, idem.
D'Héricourt, idem, commandant l'artillerie de Balaguier.
Cauvières de St-Philippe, lieutenant de frégate commandant l'artillerie du fort St.-Louis, (blessé.)
Jean Mosnier, id. celle de la Grosse-Tour.
Cirron, id. celle de l'Aiguillette.
Quatre enseignes de vaisseau auprès du commandant de la marine dans l'arsenal.

ADMINISTRATION.

Le comte de Vauvray, intendant des mers du Levant.
Arnouldt; intendant des galères du roi.
Levasseur, commissaire-général.

PLACE.

Le marquis de Saint-Paters, lieutenant-général, commandant supérieur de la place.
Le marquis de Chalmazel, brigadier du roi, commandant la place.
Jacques Flamencq,
Henri Ferrand,   } Consuls, lieutenans de roi.
Louis Marin,
De la Doux, major au régiment de Flandres, faisant fonction de major de place.
De Galiffet, aide-major de la marine, faisant fonction de major de place pour les troupes des vaisseaux.
De Brissac,   1er aide-major de place.
Bardon,   2e idem.
De la Roche,   3e idem.
Boncaud,   4e idem.

FORTIFICATIONS.

Niquet, directeur des fortifications
Dastier-Lozières, sous-directeur.
De la Blotterie, idem.

ARMEMENT DE LA PLACE.

BASTION DES MINIMES.
22 canons de 24.
9 à la courtine.
2 mortiers de 16 pouces.
3100 boulets.
400 bombes.

BASTION ST-BERNARD.
26 canons de 24.
4 de 36.
6 de 24 à la courtine.
2 mortiers de 15 pouces.
1 de 9.
3600 boulets.
500 bombes.

BASTION STE-URSULE.
21 canons de 24.
4 de 36.
18 de 24 à la courtine.
2 mortiers de 16 pouces.
4300 boulets.
400 bombes.

BASTION DE LA FONDERIE.
24 canons de 24.
18 de 36 à la courtine.
2 mortiers de 15 pouces
4200 boulets.
400 bombes.

BASTION ROYAL.

35 canons de 24.
12 à la courtine.
1 mortier de 15 pouces.
3700 boulets.
600 bombes.

BASTION DE L'ARSENAL.

35 canons de 24, y compris deux à ses orillons.
1 mortier de 15 pouces.
2 de 8 pouces.
3500 boulets.
600 bombes.

BASTION DU MARAIS A GAUCHE.

4 canons de 12, plus 4 de 8 à ses orillons.

TOTAL.

Pièces de canons..	242
Mortiers.........	13
Boulets..........	22400
Bombes..........	2900

Sans comprendre l'artillerie du bastion de la Ponche-Rimade, celle des darces, camps retranchés, forts et autres postes, montant à 220 pièces de canon et 7 mortiers.

CHATEAU STE-MARGUERITE.

De Grenonville, capitaine de frégate, commandant.
De Chastelier, lieutenant de vaisseau, major.
De Vignoles, enseigne de vaisseau, aide-major.
Baron de l'Isle,   idem,   idem.
   200 hommes, 7 canons, 1 mortier.

FORT ST-LOUIS.

Daillon, capitaine au Vexin, commandant.
Cauvières de St-Philippe, lieutenant de frégate, commandant l'artillerie.
  38 hommes du Vexin, 30 matelots-canonniers.

GROSSE-TOUR.

Jolly, major, commandant.
Martin, commissaire d'artillerie, commandant les batteries supérieures.
Jean Mosnier, lieutenant de frégate, commandant la batterie basse.
   3 compagnies détachées en garnison.
   130 matelots-canonniers.

TOUR DE BALAGUIER.

Un capitaine détaché, commandant.
D'Héricourt, enseigne de vaisseau, commandant l'artillerie.
30 hommes détachés, 20 matelots-canonniers.

FORT DE L'AIGUILLETTE.

Un capitaine détaché, commandant.
Cirron, lieutenant de frégate, commandant l'artillerie.
25 hommes détachés, 20 matelots-canonniers.

TROUPES

D'INFANTERIE ET DE CAVALERIE,

16000 hommes.

LE COMTE DE TESSÉ, MARÉCHAL DE FRANCE, GÉNÉRAL EN CHEF.

LIEUTENANS GÉNÉRAUX.

Le comte de Grignan, gouverneur de la Provence.
Le marquis de Bezons, major-général de l'armée.
Le comte de Thoralba, chef d'état-major.
Le marquis de Goesbriant, commandant une division.
Le marquis de Sailly.   idem.
Le comte de Dillon,   idem.
Le marquis de St-Paters, commandant supérieur de la place.
Le comte Medavi commandant une division à St-Maximin.
Le comte d'Aubeterre, commandant la cavalerie.
Le comte d'Hautefort, commandant les dragons.
Le marquis de Verac.   idem.
Le marquis de la Villegagnon,   idem.

MARÉCHAUX-DE-CAMP.

De Caraccioli.
De Montsoreau, (blessé à Faron).

Le comte de Villars, chef d'escadre.
Le comte de Sebville, idem. (mort.)
Le marquis de Grancey, à St-Maximin.
De Manroy, idem.
Le comte de Montgeorges à Antibes.
Le marquis de Caylus idem.

BRIGADIERS DU ROI.

Le marquis de Broglie.
Le comte de Tessé.
De Cadrieux.
Le marquis de Guerchois.
Destouche, (blessé à Faron.)
De Raffelot.
Le marquis de Chalmazel, commandant de la place.
Sansay, (blessé à Faron.)
Le comte de Barville.
De Polastron à Antibes.

RÉGIMENS.

INFANTERIE.

Thiérache,	2 bataillons.	Desgrigny	2 bataillons.
Brie	2	1er d'Albigeois	1
Ile-de-France	1	Flandres	2
Bugey	1	Médoc	1
Boissieux	1	Lyonnois	2
Tessé	2	Bigorre	1
Forest	1	Touraine	2
Limosin	2	Beauvoisis	1
Cottentin	1	Anjou	2
Mirabeau	2	Vosges	1
Soissonnois	1	Bretagne	2
Lassare	1	Castelas-Suisse	1
Berry	1	2e de Cambresis	1
Bassigny	1	Rouergue	2
Sansay	2	Dauphinois	2
1er de Gastinois	1	Châteauneuf	2
Cordes	1	Tallard	2
Bourgogne	2	Chenelay	2
Vexin	2	Annix	2 } à St-Maximin.
2e de Gastinois	1	Santerre	2
La Fare	2	Gardes-côtes.	2

Deux compagnies de mineurs.
Deux compagnies d'ouvriers venus de Marseille.
Six compagnies de milice cantonnale.
Trente compagnies de garde bourgeoise.

CAVALERIE.

Dragons de Firmacon ....⎫
      du Languedoc.............⎪
      du Dauphiné..............⎬ 38 escadrons.
      d'Hautefort...............⎪
      de Vérac.................⎪
      de Villegagnon...........⎭
Cavalerie de Chartres................⎫
      de Lenoncourt.............⎬ 16 escadrons.
      de Rachecourt ....⎭

ADMINISTRATION.

Le comte d'Angervilliers, intendant-général de l'armée.
Le marquis de Bonneval, intendant-adjoint.
Duchy-Bertholet, général des vivres.

FIN.

ERRATA.

Page 6, *ligne* 28, *au lieu de* le vainqueur de Galcinado, *lisez* le vainqueur de Calcinado.

Page 17, *ligne* 18, *au lieu de* faces du bastion, *lisez* faces de bastion.

Page 26, *ligne* 25, *au lieu de* la chose pressant, *lisez* la chose pressait.

Page 54, *ligne* 5, *au lieu de* quelques efforts que firent, *lisez* quelques efforts que fissent.

Page 59, *ligne* 8, *au lieu de* une de vingt canons sur le bastion St-Blancard, *lisez* une de vingt canons contre le bastion St-Bernard.

Même page, *ligne* 13, *au lieu de* se poursuivaient sous le feu des assiégés. Les bastions...... *lisez* se poursuivaient sous le feu des assiégés, les bastions.......

Page 60, *ligne* 19, *au lieu de* le canon tirant de face, *lisez* le canon tirant de plein fouet.

Même page, *ligne* 23, *au lieu de* l'autre de sept, au bas du plateau, *lisez* l'autre de sept pièces de canon, au bas du plateau.

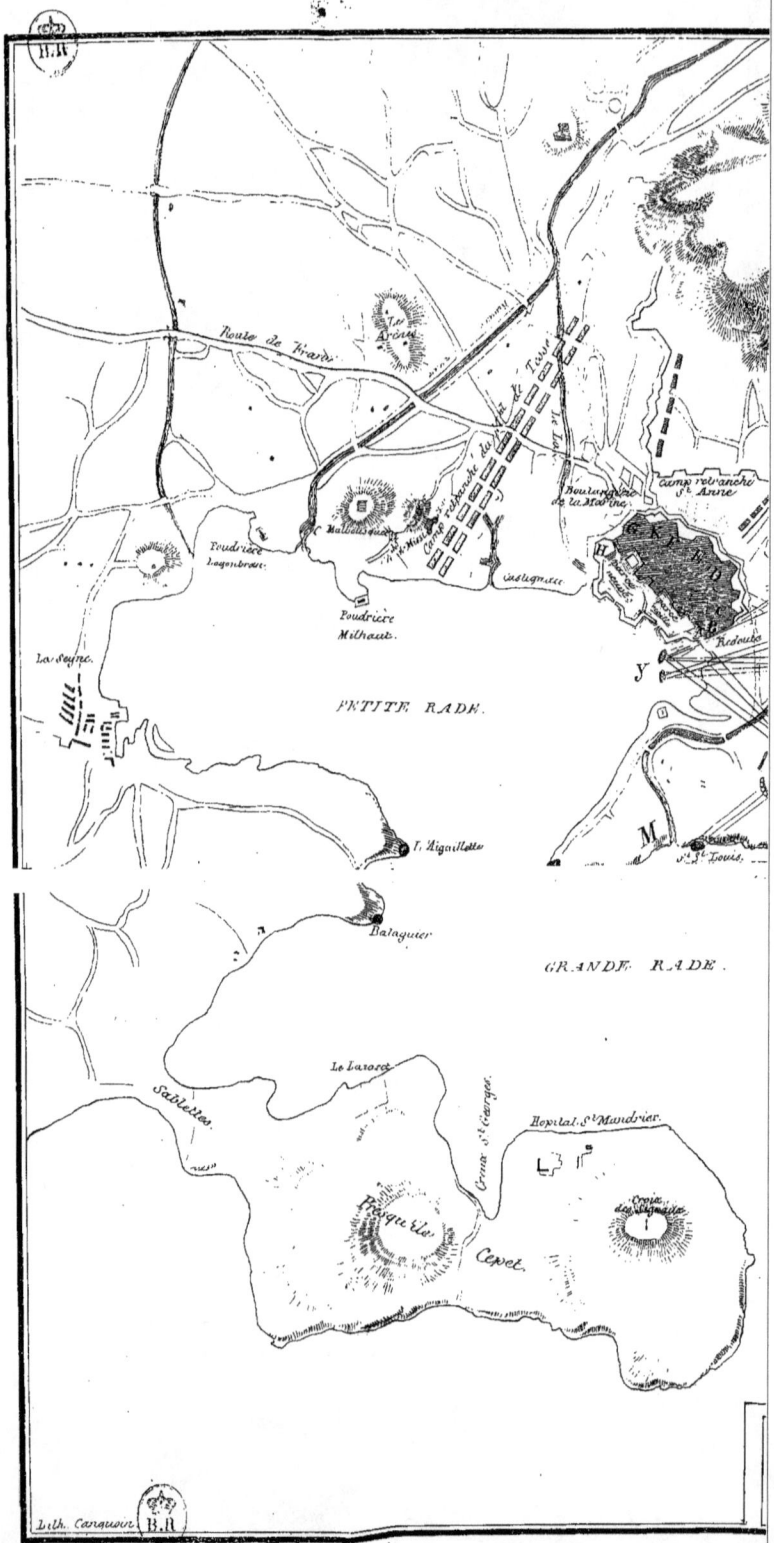

PLAN D'ATT...

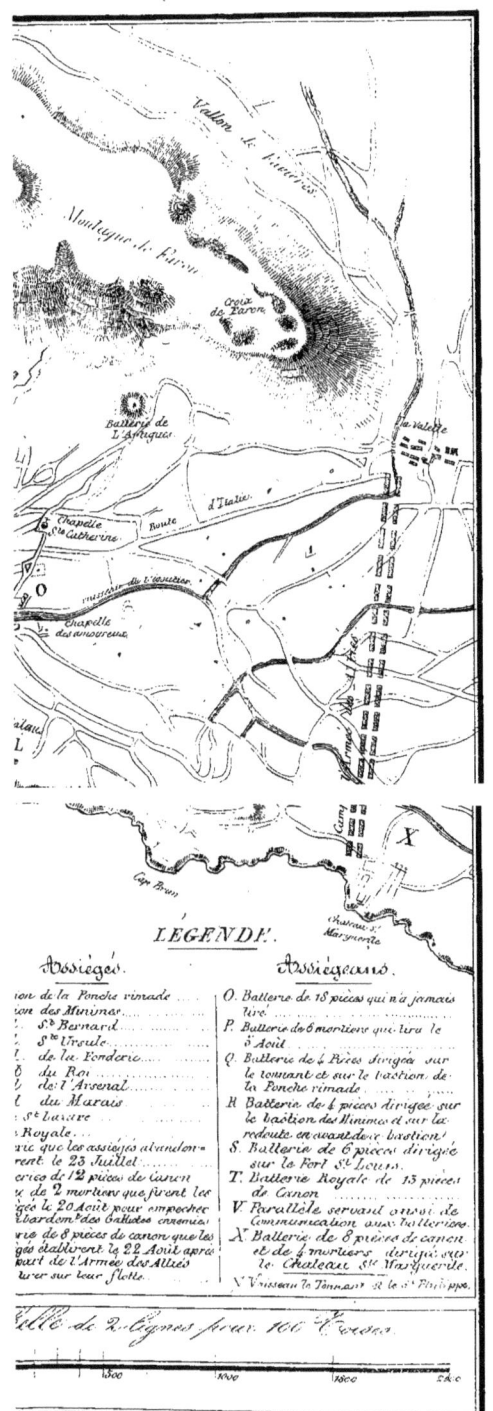

www.ingramcontent.com/pod-product-compliance
Lightning Source LLC
Chambersburg PA
CBHW070658100426
42735CB00039B/2289